国家出版基金项目
NATIONAL PUBLICATION FOUNDATION

近代以来海外涉华艺文图志系列丛书

# 华北考古记

## 第四卷 图谱卷

[法] 埃玛纽埃尔-爱德华·沙畹 著

袁俊生 译

中国画报出版社
CHINA PICTORIAL PRESS

唐太宗昭陵图集

图 438　昭陵外门阙

图 439　昭陵西侧庑房，内置有三匹石刻骏马浮雕像

图 440　昭陵东侧第一骏马浮雕像

图 441　昭陵西侧第一骏马浮雕像

图 442　昭陵东侧第二骏马浮雕像

图 443　昭陵西侧第二骏马浮雕像

图 444　昭陵东侧第三骏马浮雕像

图 445　昭陵西侧第三骏马浮雕像

# 唐太子恭陵图集

图 446　恭陵石狮雕像

图 447　恭陵石狮雕像

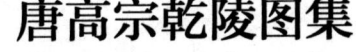
# 唐高宗乾陵图集

图 448　乾陵石人群像（东侧一组）

图 449　乾陵外砌砖封的土阙

图 450　乾陵近代竖立的陵墓标志石碑

图 451　乾陵翼马头塑像

图 452　乾陵石人群像及石狮子（东侧一组）

图 453　乾陵石人群像及石狮子（西侧一组）

图 454　乾陵东侧石狮子

图 455　乾陵西侧石狮子

图 456　乾陵东侧石狮子

图 457 乾陵石马

图 458　乾陵石鸵鸟

图 459 乾陵石鸵鸟

图 460　乾陵石鸵鸟石碑立于唐朝，但碑文系后人所镌刻，用女真文字书写

图 461　乾陵石鸵鸟将军像

武则天皇帝于700年为母亲修建的顺陵图集

图 462 顺陵翼马

图 463 顺陵翼马

图 464　顺陵站立的石狮子

图 465 顺陵站立的石狮子

图 466　顺陵将军像

933 | 武则天皇帝于 700 年为母亲修建的顺陵图集

图 467　顺陵石虎

图 468 顺陵石羊

935 | 武则天皇帝于 700 年为母亲修建的顺陵图集

图 469 顺陵石狮子

图 470 顺陵将军像

937 | 武则天皇帝于 700 年为母亲修建的顺陵图集

图 471　顺陵石狮子

# 唐睿宗桥陵图集

图 472　桥陵石鸵鸟

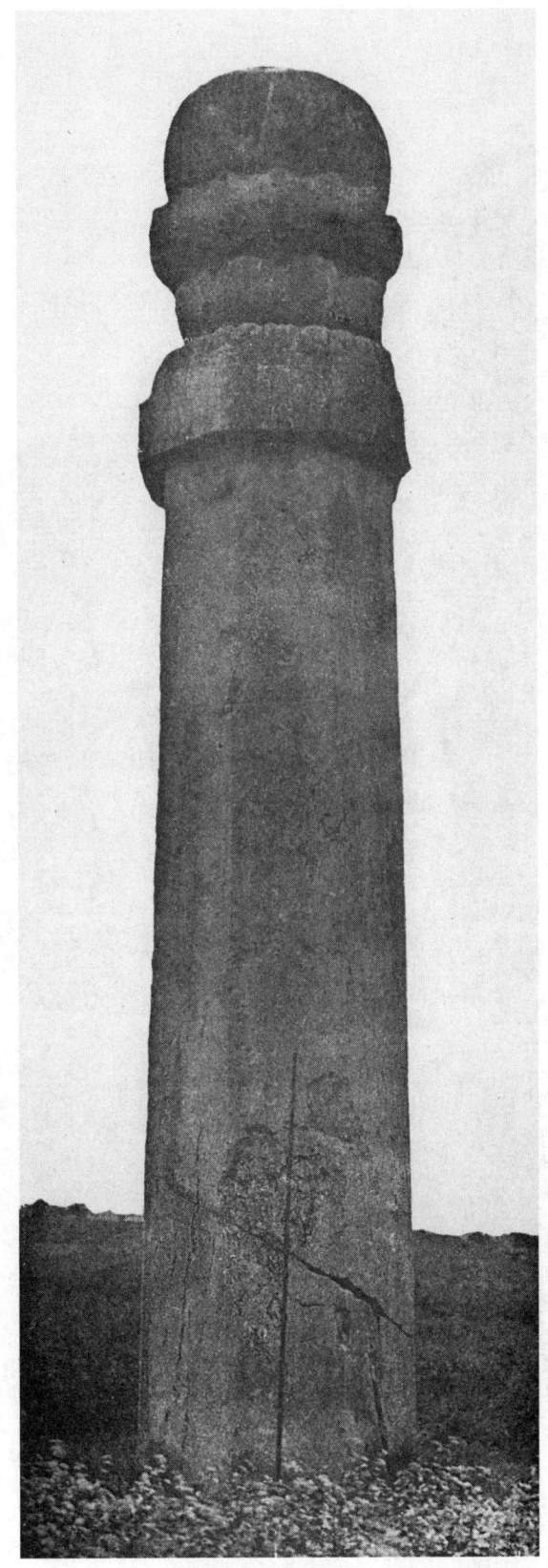

图 473　桥陵华表

图 474 桥陵石马

图 475 桥陵神兽（类似于翼马）

图 476　桥陵神兽（类似于翼马）

图 477　桥陵将军像

945 | 唐睿宗桥陵图集

图 478 桥陵将军像

# 唐宪宗景陵图集

图 479 景陵神兽（类似于翼马）

图 480　景陵官吏像

图 481 景陵瑞禽（类似于鸵鸟）

# 宋仁宗永昭陵图集

图 482　永昭陵陵墓全景图

图 483 永昭陵华表、石象及驭象人

图 484　永昭陵神兽（类似于翼马）

图 485　永昭陵神兽（类似于翼马）

图 486　永昭陵墓冢前的人物雕像

图 487　永昭陵石马及御者

图 488 永昭陵石虎

图 489　永昭陵石羊

图 490 永昭陵人物雕像

图 491　永昭陵人物雕像

图 492　永昭陵将军像

图 493 永昭陵将军像

图 494　永昭陵纳贡者

图 495　永昭陵官吏像

图 496　永昭陵将军像

图 497　永昭陵纳贡者

图 498 永昭陵纳贡者

图 499　永昭陵纳贡者

图 500　永昭陵瑞禽及蛇神图

图 501 永昭陵西侧有另一皇家陵墓（图 943），这大概是宋英宗（卒于 1067 年）的陵墓

**博物馆收藏的珍品图集**

图 502　奉天宫殿收藏的青铜鼓（1）

图 503　奉天宫殿收藏的青铜鼓（1）

图 504 奉天宫殿收藏的青铜鼓(2)

图 505 奉天宫殿收藏的青铜鼓(2)

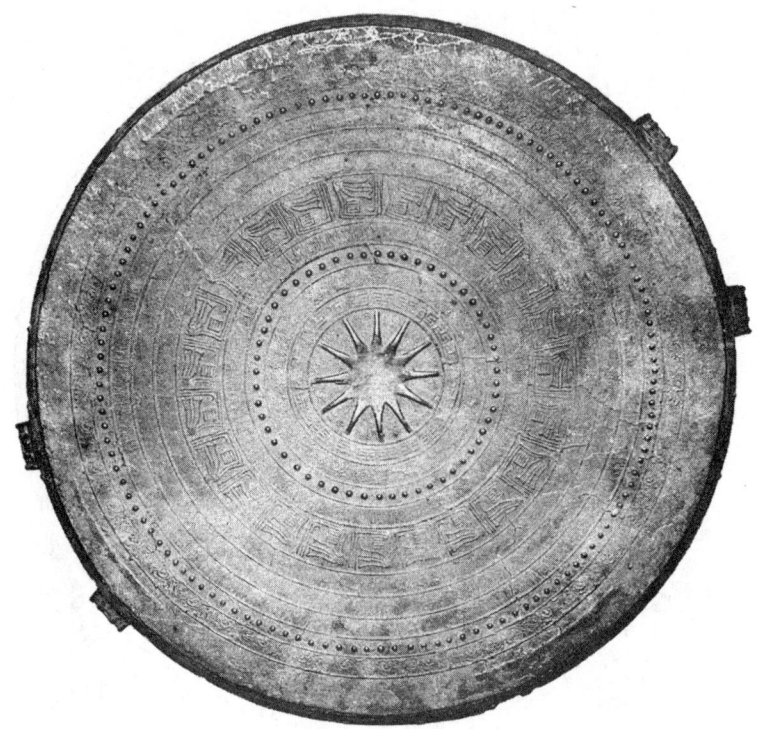

图 506　奉天宫殿收藏的青铜鼓（3）

图 507　奉天宫殿收藏的青铜鼓（3）

图 508　奉天宫殿收藏的青铜鼓（4）

图 509　奉天宫殿收藏的青铜鼓（4）

图 510　奉天宫殿收藏的青铜鼓（5）

图 511　奉天宫殿收藏的青铜鼓（5）

图 512　奉天宫殿收藏的用鹿角做椅背的木雕椅

图 513　奉天宫殿收藏的青铜鼓（山东潍县张毓琮收藏）

图 514　山东潍县张毓琮收藏的青铜罐

图 515　山东潍县张毓琮收藏的青铜罐

图 516　山东潍县张毓琮收藏的青铜瓮、罐、瓶

图 517　山东潍县张毓琮收藏的青铜瓮、罐、瓶

图 518　山东潍县张毓琮收藏的青铜瓮、罐、瓶

图 519　山东潍县张毓琮收藏的青铜器皿

图 520　山东潍县张毓琮收藏的青铜器皿

图 521　山东潍县张毓琮收藏的青铜器皿

图 523 作者在济南府看到的青铜器皿

图 524 作者在济南府看到的青铜器皿

983 | 博物馆收藏的珍品图集

图 525　出自河南巩县古墓的陶俑、陶马及陶兽

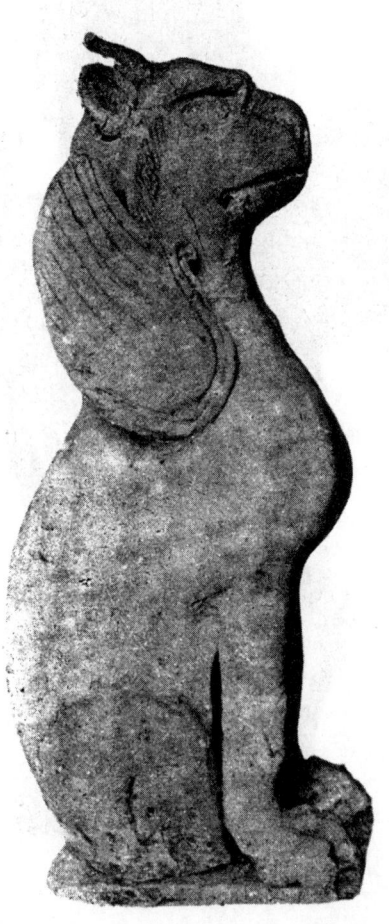
图 526　出自河南巩县古墓的陶俑、陶马及陶兽

图 527　出自河南巩县古墓的陶俑、陶马及陶兽

图 528　出自河南巩县古墓的陶俑、陶马及陶兽

图 529　出自河南巩县古墓的陶俑、陶马及陶兽

图 530 出自河南巩县古墓的陶俑、陶马及陶兽

图 531 出自河南巩县古墓的陶俑、陶马及陶兽

图 532　出自河南巩县古墓的陶土骆驼雕像

图 533　在河南府收购的陶罐

图 534　出自巩县与偃师县之间古墓的陶罐及古砖

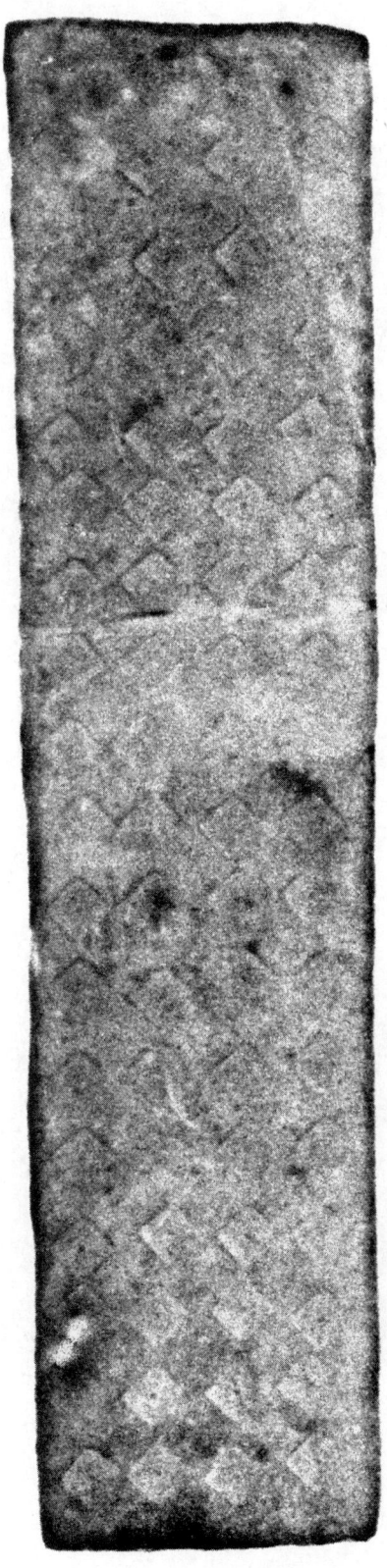

图 535 出自巩县与偃师县之间古墓的陶罐及古砖

图 536　出自巩县与偃师县之间古墓的陶罐及古砖

图 537　出自巩县与偃师县之间古墓的陶罐及古砖

# 其他各类铭文图集

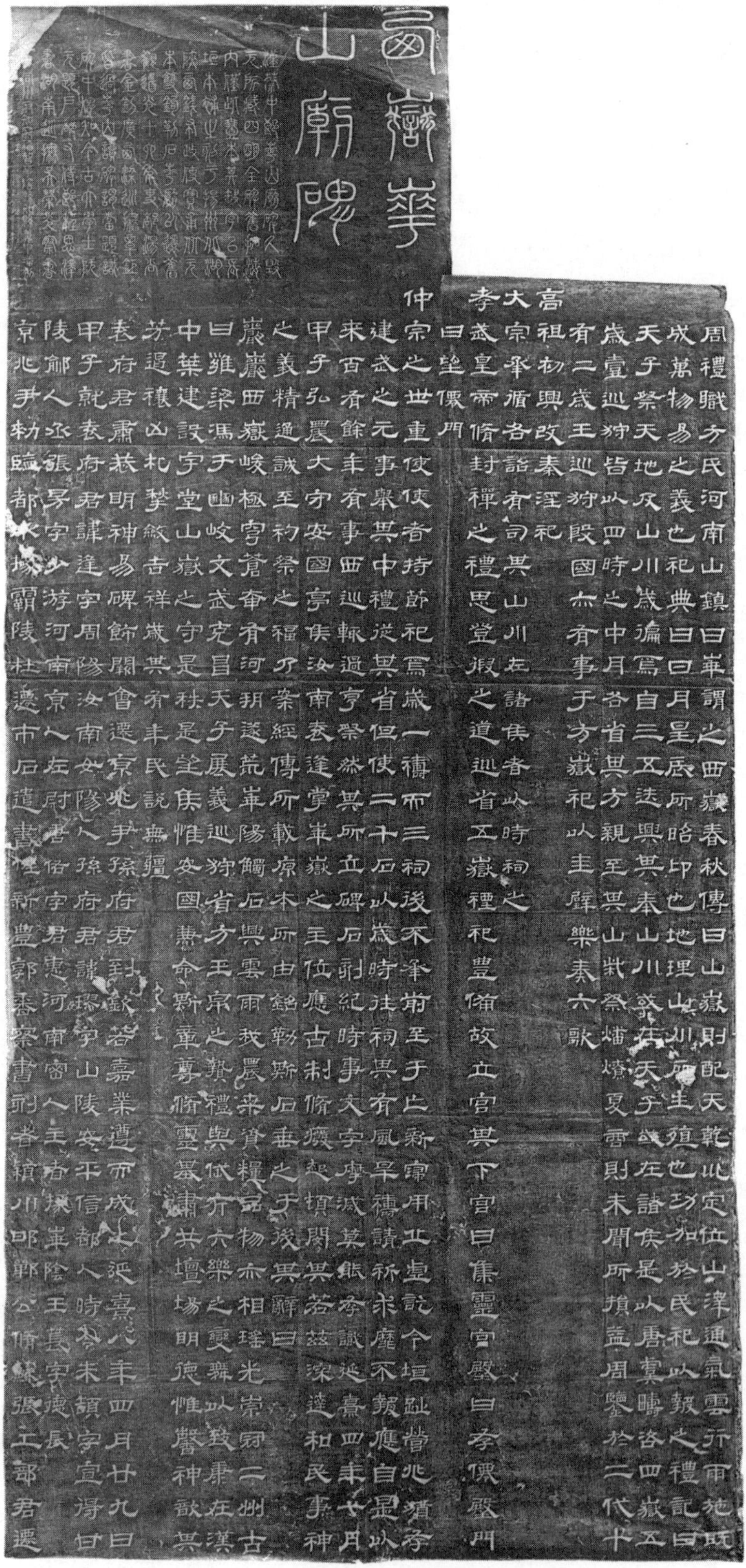

图 755　刻于 165 年碑铭的复制品，碑铭标题为"西岳华山庙碑"

图 756　大智禅师碑（刻于 736 年）边框饰图案

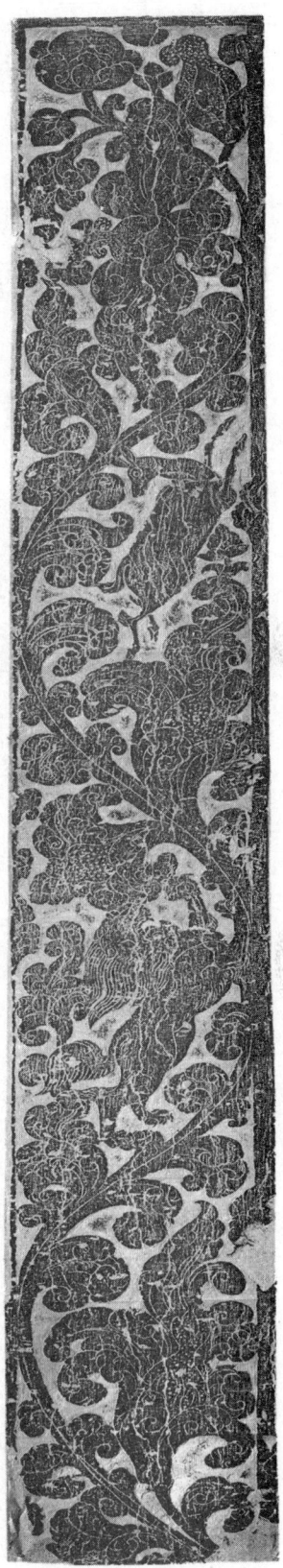

图 758　石碑的边框饰图案

图 757　碧落碑（刻于 670 年）铭文

图 759　碧落碑（图 757）之 870 年抄本，837 年李汉评注

图 760　道因法师碑（刻于 663 年）边框饰图案

图 762　图 761 背面铭文

图 761　武则天书升仙太子碑（刻于 699 年）铭文

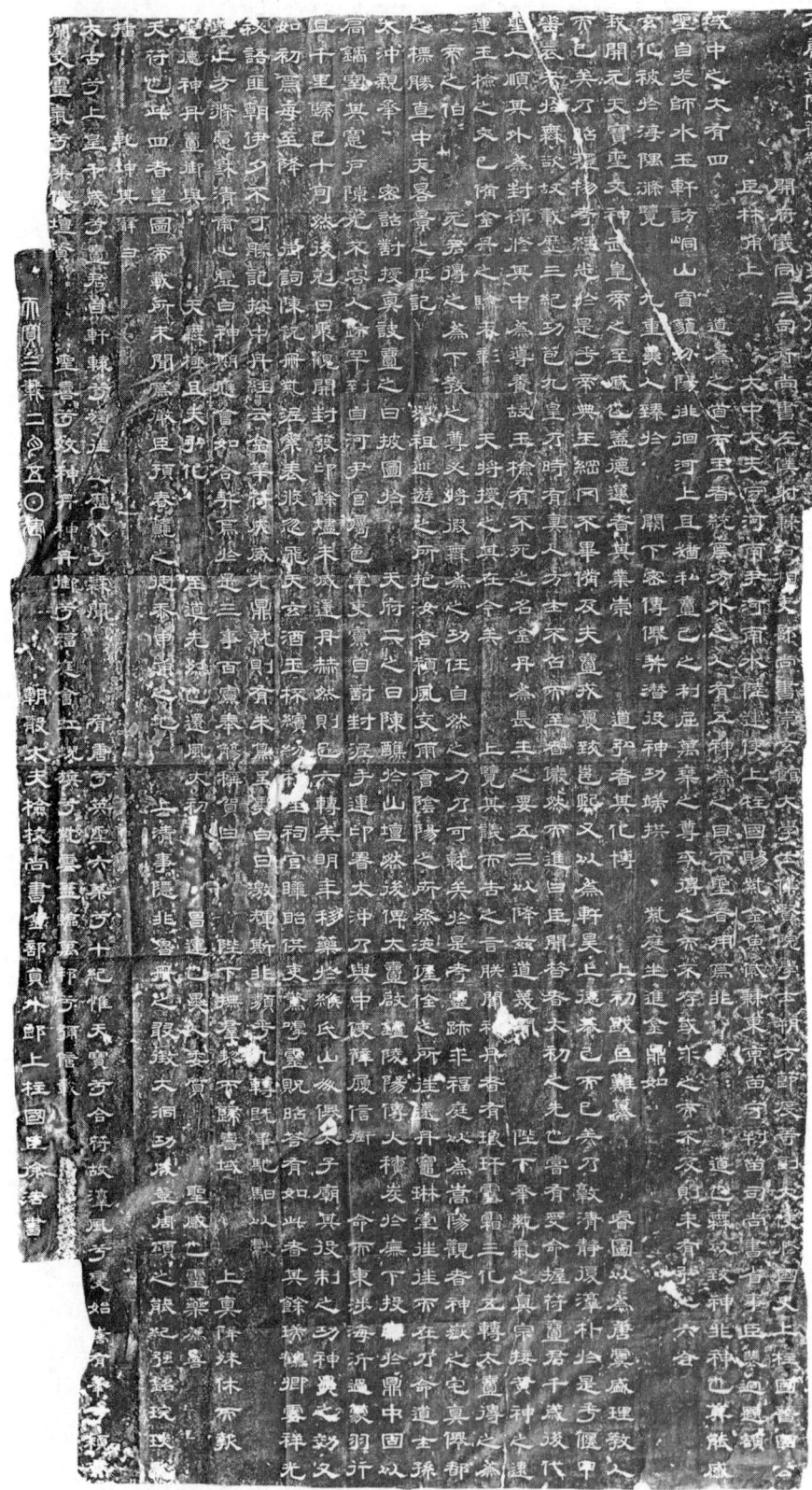

图 763 刻于 744 年的嵩阳观纪铭文

唐代石刻经典古籍图集

图 764　唐代石刻经典古籍（刻于 837 年）——《易经》（1）

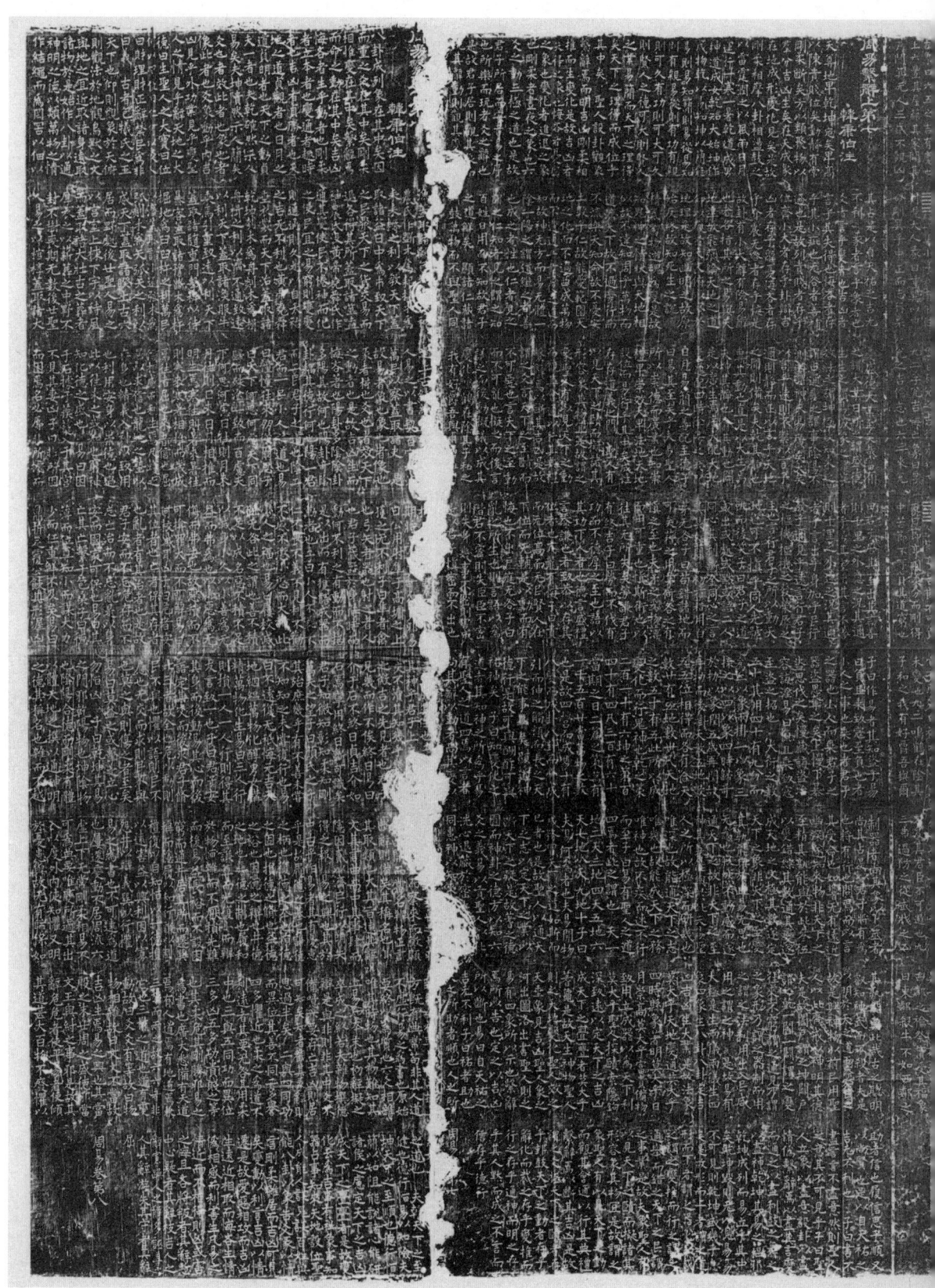

图 765　唐代石刻经典古籍（刻于 837 年）——《易经》（2）

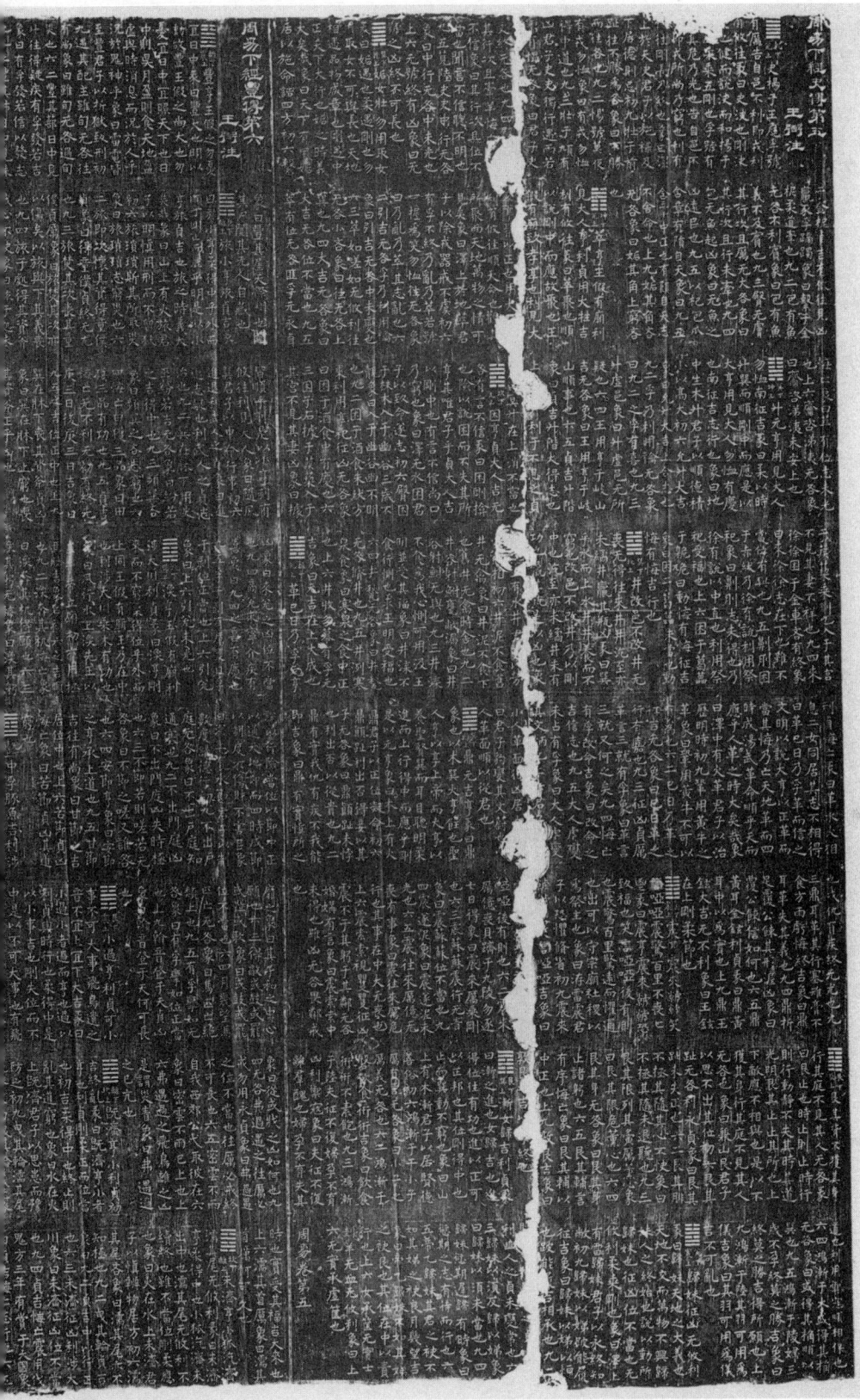

图 766　唐代石刻经典古籍（刻于 837 年）——《易经》（3）

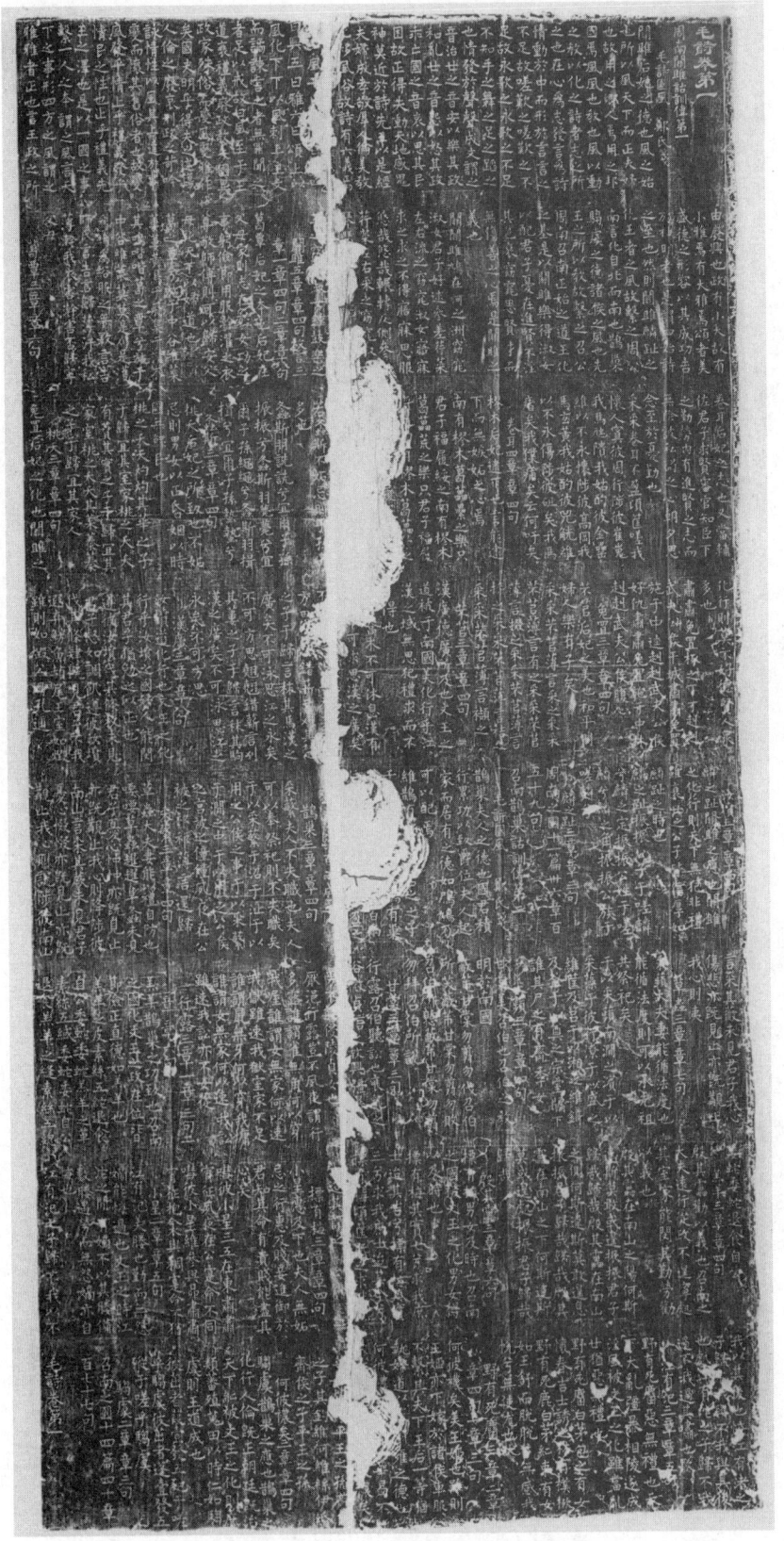

图 767 唐代石刻经典古籍（刻于 837 年）——《诗经》（1）

图 768　唐代石刻经典古籍（刻于 837 年）——《诗经》（2）

图769 唐代石刻经典古籍（刻于837年）——《诗经》（3）

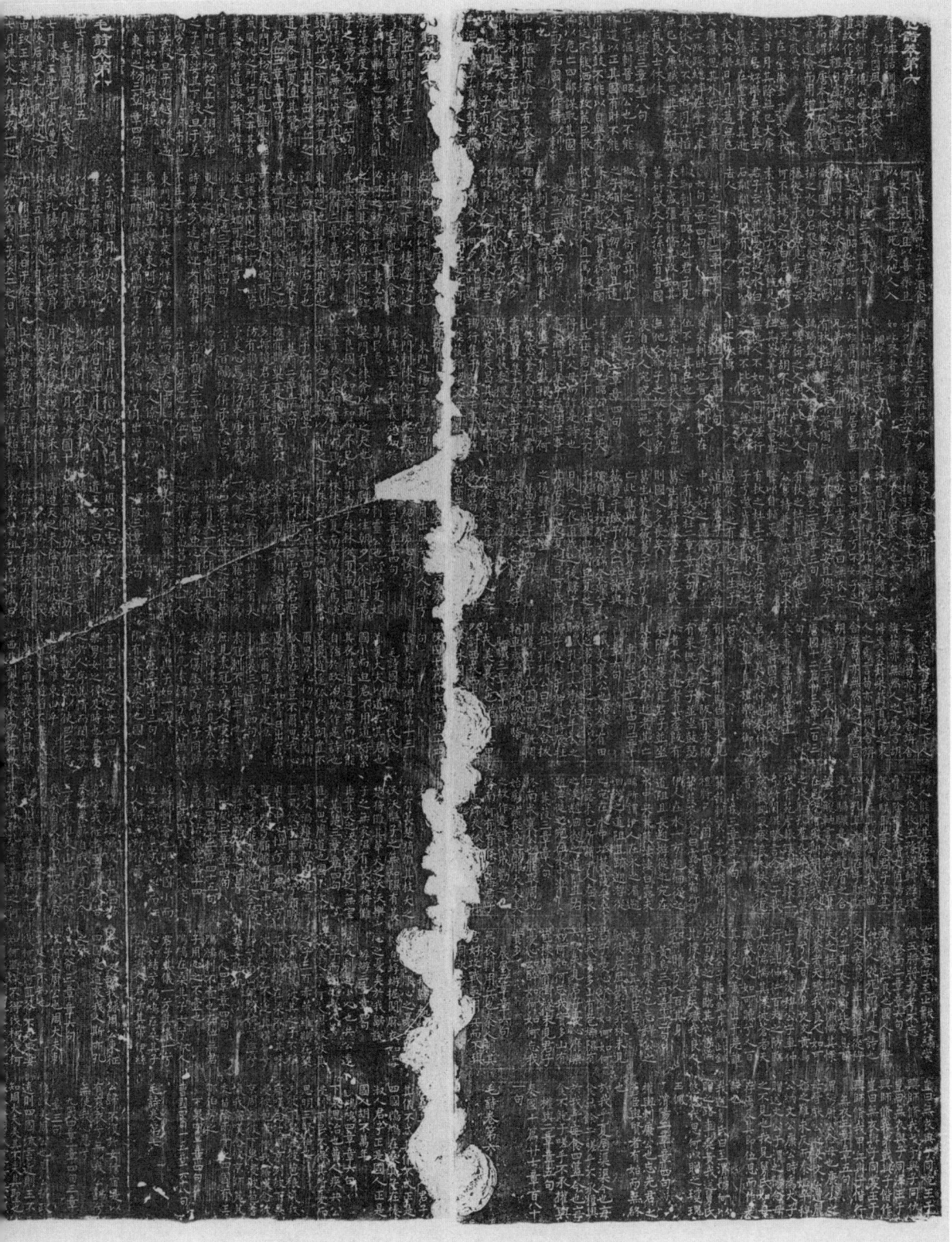

图 770　唐代石刻经典古籍（刻于 837 年）——《诗经》（4）

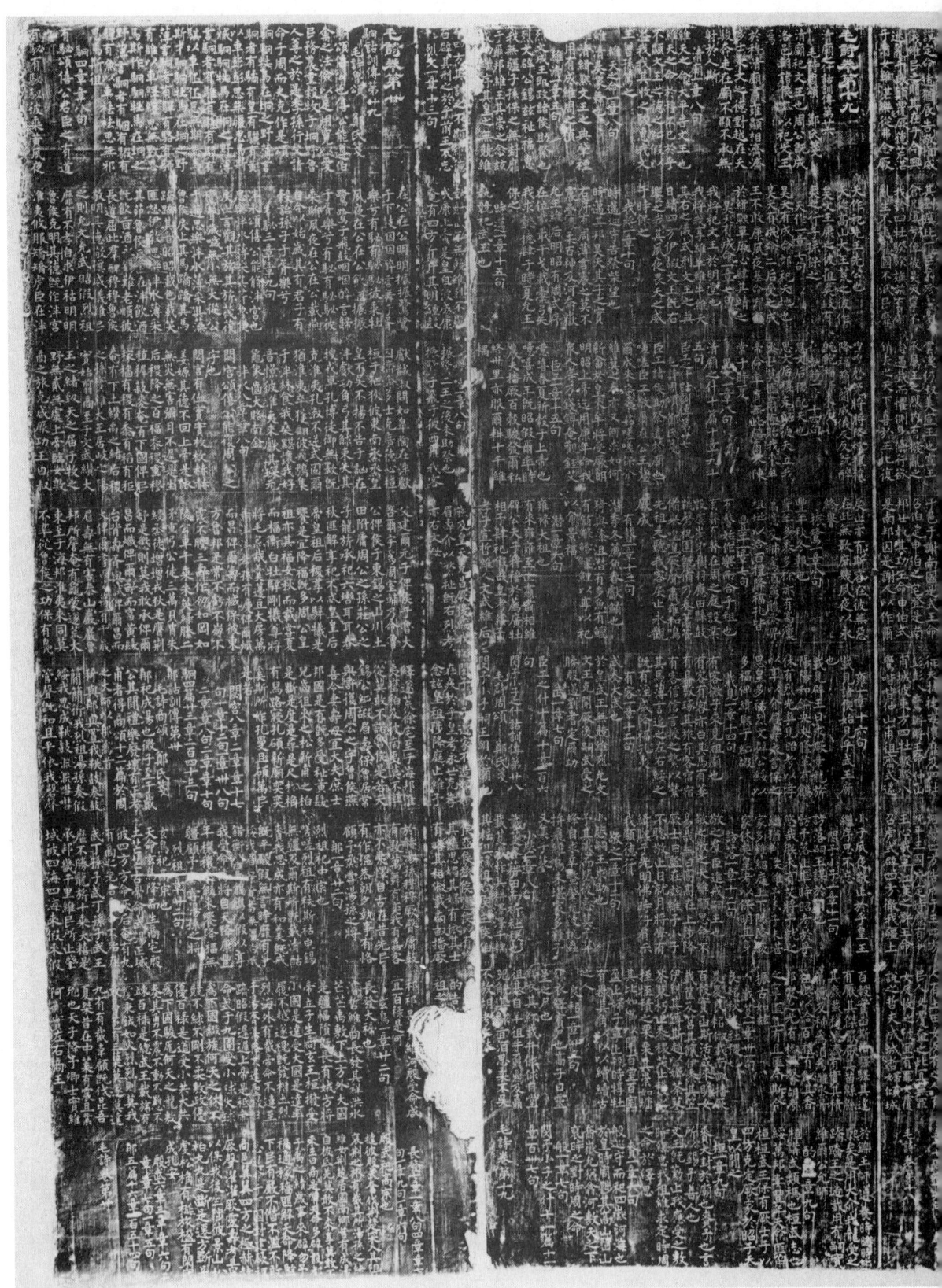

图 771　唐代石刻经典古籍（刻于 837 年）——《诗经》（5）

图 772　唐代石刻经典古籍（刻于 837 年）——《书经》(1)

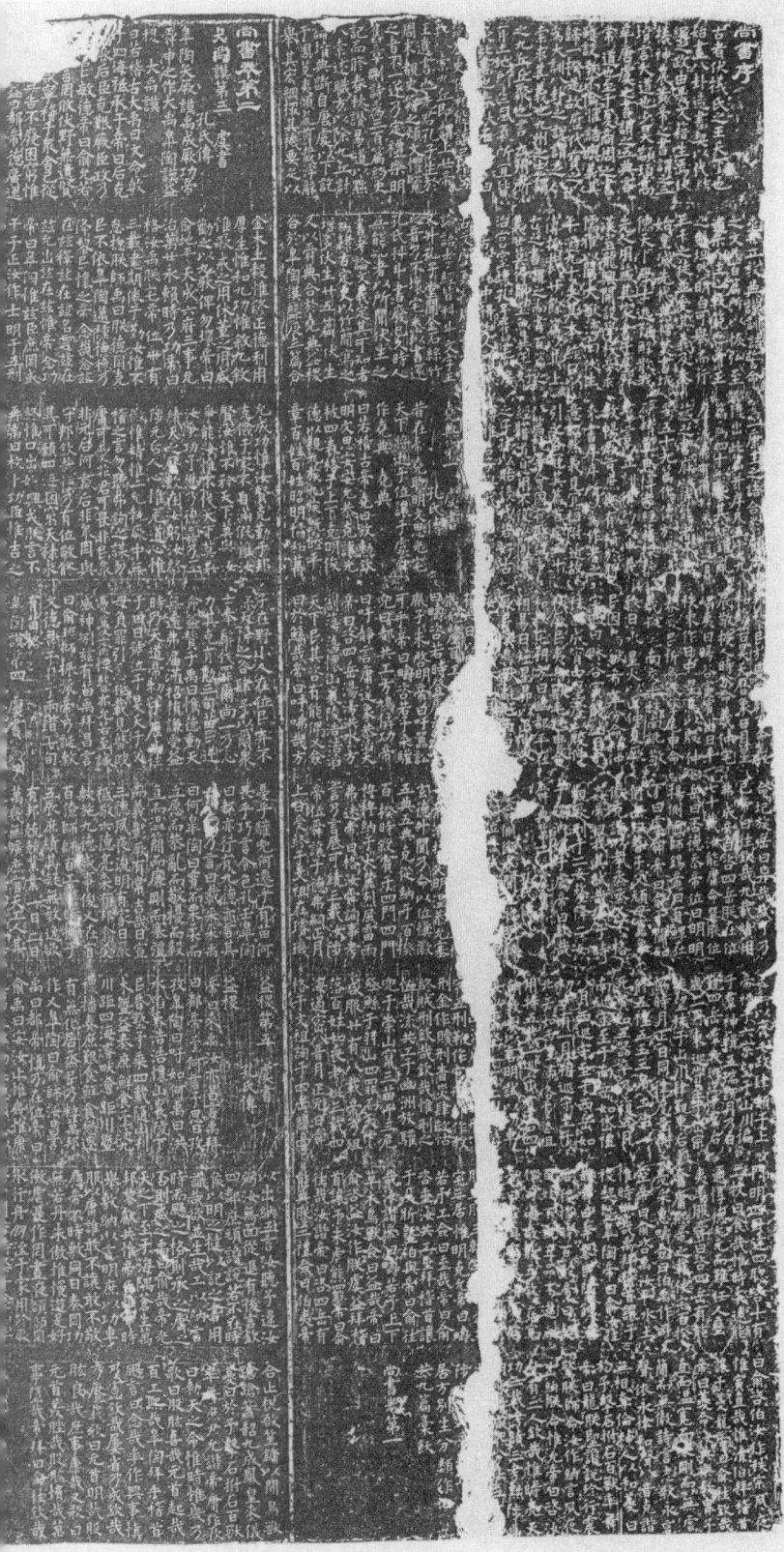

图773 唐代石刻经典古籍（刻于837年）——《书经》（2）

1017 | 唐代石刻经典古籍图集

图 774　唐代石刻经典古籍（刻于 837 年）——《书经》（3）

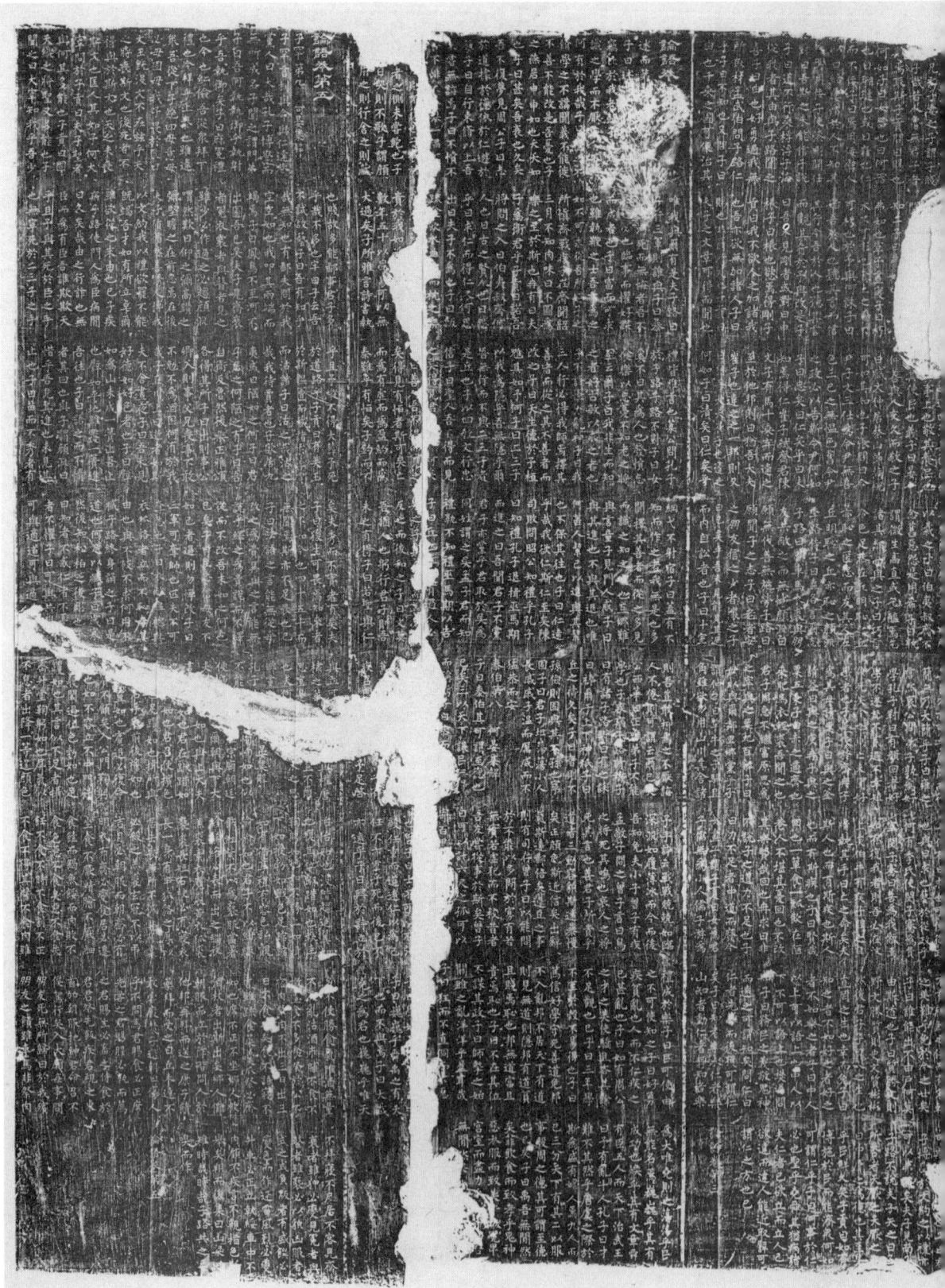

图 775　唐代石刻经典古籍（刻于 837 年）——《论语》（1）

图776 唐代石刻经典古籍（刻于837年）——《论语》（2）

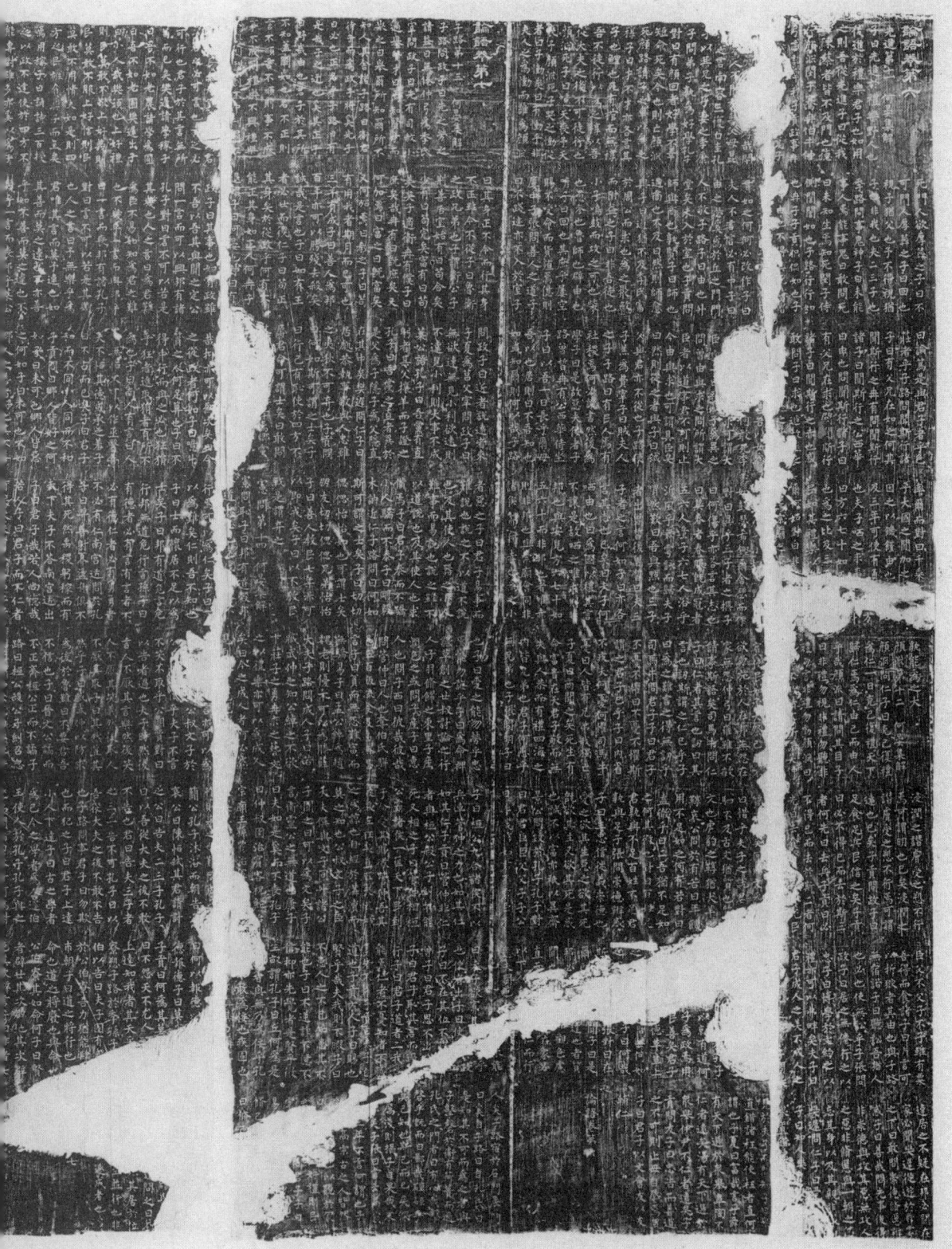

图 777　唐代石刻经典古籍（刻于 837 年）——《尔雅》（1）

图 778　唐代石刻经典古籍（刻于 837 年）——《尔雅》（2）

奉天

图 779　奉天，从南城墙上俯瞰城市

图 780　奉天城北的天宁寺

# 清昭陵图集

图 781　位于奉天城北的清昭陵，清太宗（1627—1643 年在位）陵墓：碑亭及神道

图 782　位于奉天城北的清昭陵，清太宗（1627—1643 年在位）陵墓：碑亭及神道

图 783 清昭陵：陵墓外的石牌坊

图 784 清昭陵：神道旁的一尊神兽像

图 785 清昭陵：大正殿

图 786 清昭陵：龙恩殿

1031 | 清昭陵图集

图 787　清昭陵：碑亭的背面

图 788　清昭陵：正院

图 789　清昭陵：从东墙上看正院

图 790　清永陵：清朝皇帝祖陵，位于兴京府西北

图 791　清永陵：墓冢

图 792　清永陵：墓冢及古树

图 793　新宾铺的伐木工人

图 794　通化县北浑河上游

图 795　浑河上游的林木开采业

图 796　浑河上游的林木开采业

图 797 从四道江和六道沟之间涉水过河

图 798 老岭关口顶峰

1037 | 清昭陵图集

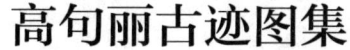

图 799　高句丽古迹将军墓：南面

图 801　将军墓：东面

图 800　高句丽古迹将军墓：南面西端

图 802　将军墓：东北角

图 803　将军墓：西南角

图 804　将军墓东侧近乎坍塌的金字塔室

图 805　金字塔北侧

图 806　将军墓及墓东侧近乎坍塌的金字塔

图 807　山城子墓区东侧的墓地峡谷

图 808　安县洞沟古墓群中的一座积石墓

图 809　位于太王陵西北方的一座坍塌的墓冢

图 810　太王陵（东南角）

图 811　好太王碑：东面

图 812 好太王碑：南面

图 813 好太王碑:北面

图 814　从鸭绿江畔看洞沟平原

图 816　山海关孟姜女庙

图 815　朝鲜族人聚居地的护路神

图 817　流经直隶省的大运河

图 818　流经直隶省的大运河

图 819　在齐河县渡黄河

图 820　在齐河县渡黄河

1053 | 高句丽古迹图集

图 821　李鸿章祠堂

图 822　千佛山脚下的墓地

图 823　玉清宫庭院

图 824　长清县东部，南沙河上的石桥

图 825　翟家庄外围的城墙

图 826　孝里铺：铸于 1296 年的铁佛像

图 827　孝堂山

图 828　孝堂山脚下的碧霞元君祠（建于 1635 年）

图 829　灵岩寺塔林

图 830　灵岩寺塔林

图 831　灵岩寺中的佛塔

图 832 灵岩寺：被玄奘祝福过的侧柏

图 833　灵岩寺外景

图 834　汶河

图 835　泗河

图 836　曲阜县颜子庙外栏杆

# 孔林图集

图 837　曲阜县城北第一座牌楼

图 838　万古长春牌坊

图 839　万古长春牌坊

图 840　至圣林牌坊

1065 | 孔林图集

图 841　享殿前的甬道

图 843　神兽雕像

图 842 神兽雕像

图 844  石人雕像

图 845  洙水河上的石桥

图 846　洙水河

图 847　孔子孙子孔伋墓

图 848　孔子儿子孔鲤墓

图 849 孔子墓

图 850　孔庙：奎文阁西南角

图 851　孔子弟子颜子画像

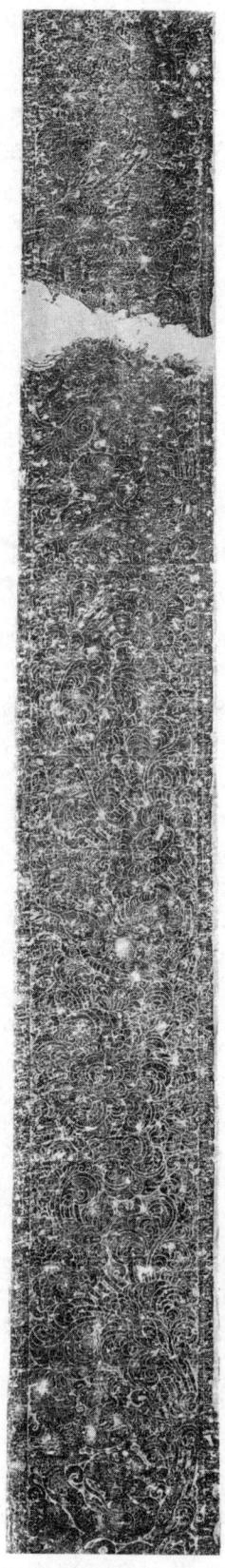

图 852　玄秘塔碑边饰（刻于 841 年）

图 853 据说由颜子亲手种植的柏树

图 854　正殿东南角

图 855　在孔庙祭孔时所用的器皿

图 856　在孔庙祭孔时所用的器皿

图 857　在孔庙祭孔时所用的器皿

图 858　在孔庙祭孔时所用的器皿

图 859　在孔庙祭孔时所用的器皿

图 860　在孔庙祭孔时所用的器皿

图 861 在孔庙祭孔时所用的器皿

图 862 在孔庙祭孔时所用的器皿

图 863　在孔庙祭孔时所用的器皿

图 864　在孔庙祭孔时所用的器皿

图 865　民俗画孔林图

图 866　民俗画孔子及其七十二弟子图

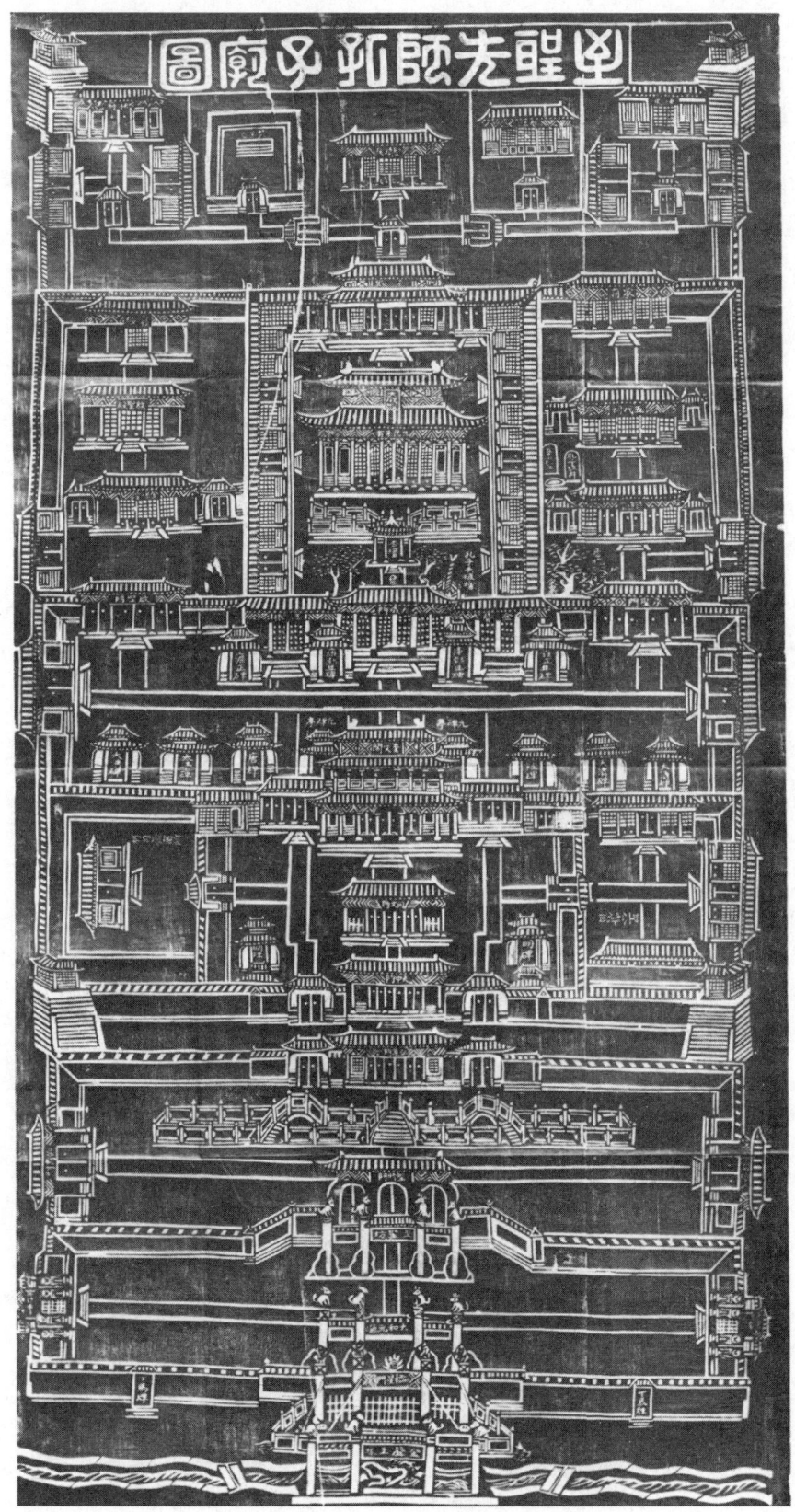

图 867　民俗画孔庙图

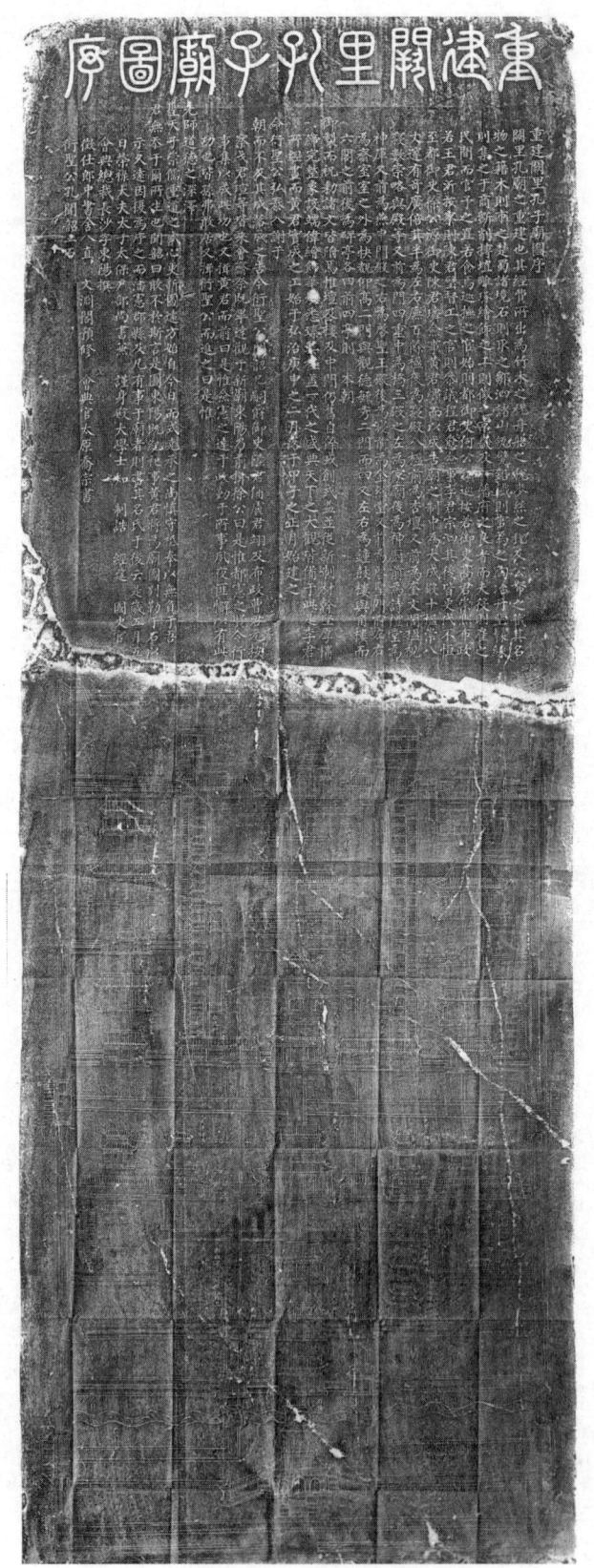

图 868　1500—1504 年间重建的孔庙图序

图 869　刻于 1095 年的石刻画，依照吴道子所绘孔子及其弟子图刻制

图 870　孔子：石刻画像，依照吴道子所绘图像刻制，现存孔庙内

图 871 孔子及颜子画像,刻于 1118 年,依照吴道子或顾恺之所绘图像刻制

图 872 孔子及颜子像，刻于 1563 年（现存西安府碑林）

图 873　孔子画像，1734 年刻于石碑上（现存西安府碑林）

图 874　孔子画像，依照吴道子所绘图像刻制（现存曲阜孔庙）

图 875　隆阐法师碑（刻于 734 年）边饰图案

图 876　大智禅师碑（刻于 736 年）边饰图案（见图 756）

1091 | 孔林图集

图 877 牌楼

图 878 牌楼的基座之一

图 879　孔庙外阙里牌坊

# 孔庙图集

图 880 奎文阁前院当中竖立的巨大石碑

图 881　太和元气坊

图 882　至圣庙坊

图 883　碧水桥

图 884　同文门

图 885 大成殿东南角

图 886　大成殿擎檐石柱

图 887　大成殿前露台滴水龙头

图 888　据说由孔子亲手种下的大树

图 889　杏坛

图 890　乐室

图 891　孔子井

图 892　位于曲阜县城东北的少昊陵，又称中国金字塔

图 893　少昊墓金字塔塔顶

图 894　备车从曲阜县出发去邹县

图 895　曲阜县与邹县之间的山区

图 896　邹县北部的山岩

图 897　孟子庙正殿

图 898　孟子庙正殿

图 899　寝殿：祭祀孟子夫人的专祠

图 900　孟子庙棂星门

图 901　孟子庙庭院景色

图 902　邹县：城南门

图 903　邹县：城西门

图 904　邹县：孟母三迁祠牌坊

图 905　济宁州街景

图 906　济宁州：火星宫

图 907　济宁州：文庙外大门

图 909 嘉祥县：城内的一座牌坊

图 908　嘉祥县：孟山

图 910　济宁州：文庙正殿

图 911　金乡县：汉代朱鲔墓（石屋）

图 912　金乡县：汉代朱鲔墓（石屋）

图 913　金乡县：汉代朱鲔墓（石屋）

图 914　豫东的牛车

图 915　归德府近郊

图 916　归德府街景

图 917　归德府街景

# 开封府图集

图 918　艮岳园林中的道观

图 919　艮岳园林中的玉皇大帝殿

图 920 位于城外东南方的相国寺

图 921　位于城外东南方的相国寺

图 922　建于 1383 年的铁塔

图 923　建于 1383 年的铁塔

图 924　塔外通体砌褐色琉璃砖

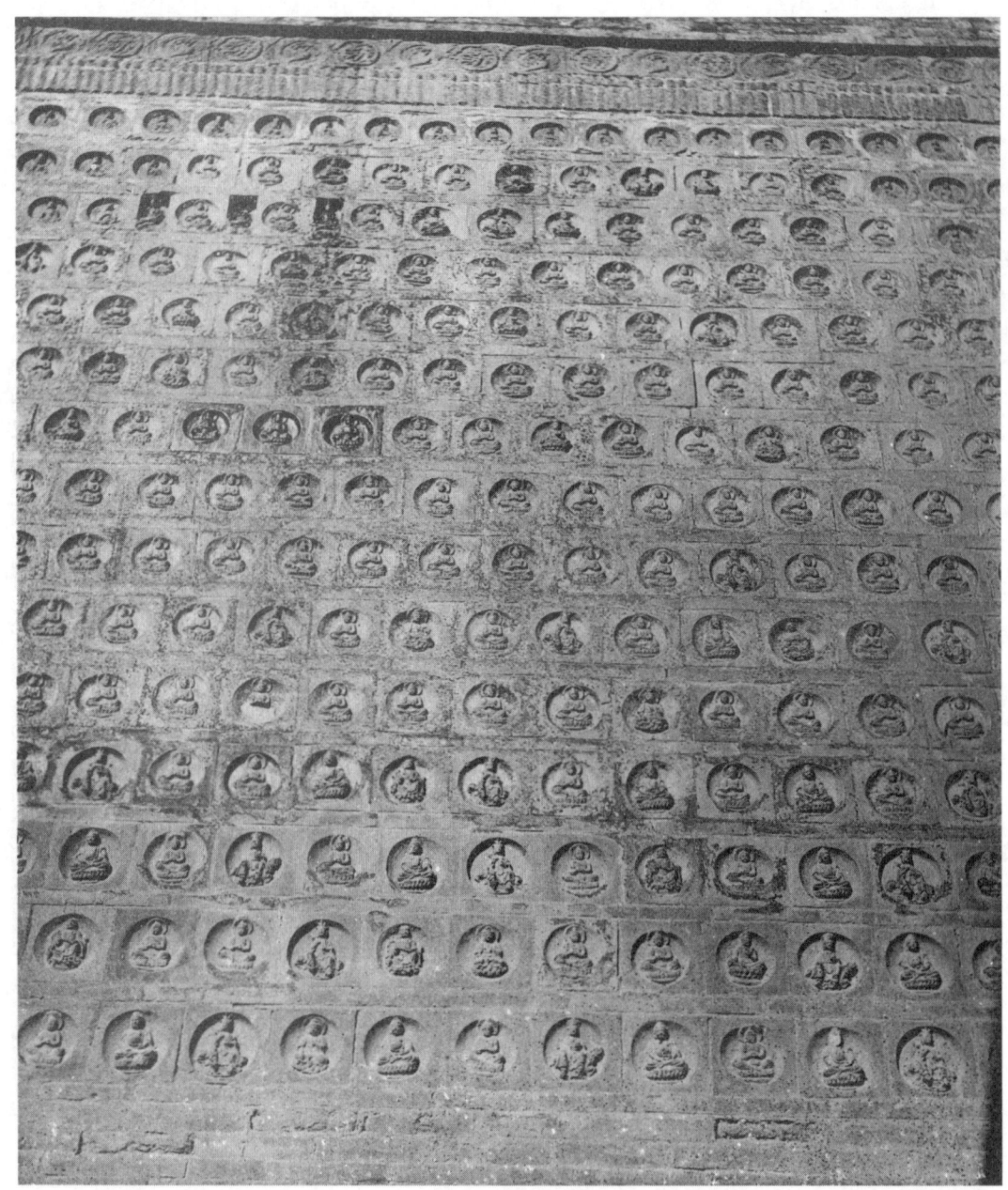

图 925　相国寺外部装饰

图 926 鼓楼

图 927 文庙里的半月形水池

图 928　东岳庙

图 929　二曾祠中的小亭子

图 930　二曾祠

图 931　二曾祠

图 932　曾国荃（1824—1890）画像

图 933 曾国藩（1811—1872）画像

图 934　犹太教堂遗址

图 935　犹太人石碑（刻于 1679 年）

图 936 犹太人石碑，正面碑铭刻于 1489 年，反面碑铭刻于 1510 年

图 937 行宫内的亭子

图 938　大相国寺：大雄宝殿

图 939　大相国寺：藏经楼

图 940　大相国寺：八角琉璃殿

图 941　泗水县附近的黄土岭景色

图 942 永昭陵（见图 482）

图 943 永昭陵西侧的皇家陵墓（见图 501）

图 944　白马寺塔附近的一座佛塔（建于 1731 年）

1143 | 开封府图集

图 945 白马寺塔

图 946　河南府东面的白马寺

图 947　河南府街景

图 948　孔子入周问礼处碑

图 949　河南府：魁星楼

图 950 迎恩寺中的佛龛：下为关帝像，上为弥勒佛像

图 951　河南府南面的关帝庙

图 952　河南府南面的关帝庙

1149 | 开封府图集

图 953　关帝庙前的牌坊

图 954 关帝庙内的铸铁狮子（铸于 1597 年）

图 961 龙门煤窑从井下抽污水

图 962 白马寺内的佛像石柱

图 963　洛河左岸，巩县至河南府一带

图 964 洛河左岸，巩县至河南府一带

图 966 中岳庙（建于 1196—1200 年间）全景图

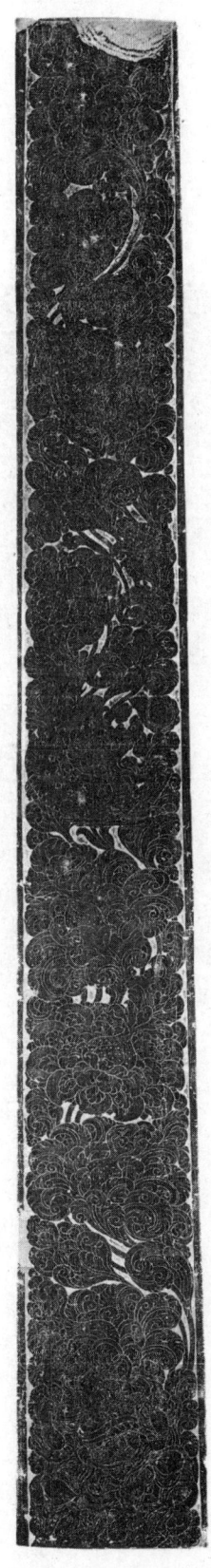

图 967 刻于 822 年的石碑边框装饰

图 968　四尊铁人铸像（铸于 1213 年）

图 969 铁人铸像单尊像

图 970　铁人铸像单尊像

图 971　铁人铸像单尊像

图 972　铁人铸像单尊像

图 973 登封县中岳庙：崇圣门

图 974 登封县中岳庙：峻极门

图 975　登封县中岳庙：四岳殿台之两岳殿台

图 976　登封县中岳庙：四岳殿台之两岳殿台

图 977　庙宇建筑

图 978　庙宇建筑

图 979　庙宇建筑

图 980　庙宇建筑

图 981　表现少林寺武僧习武的绘画

图 982　表现少林寺武僧习武的绘画

1167 | 开封府图集

图 983　少林寺：刻印着菩提达摩像的巨石

图 984　少林寺：1409 年雕制的佛像

图 985　菩提达摩像（现存灵岩寺）

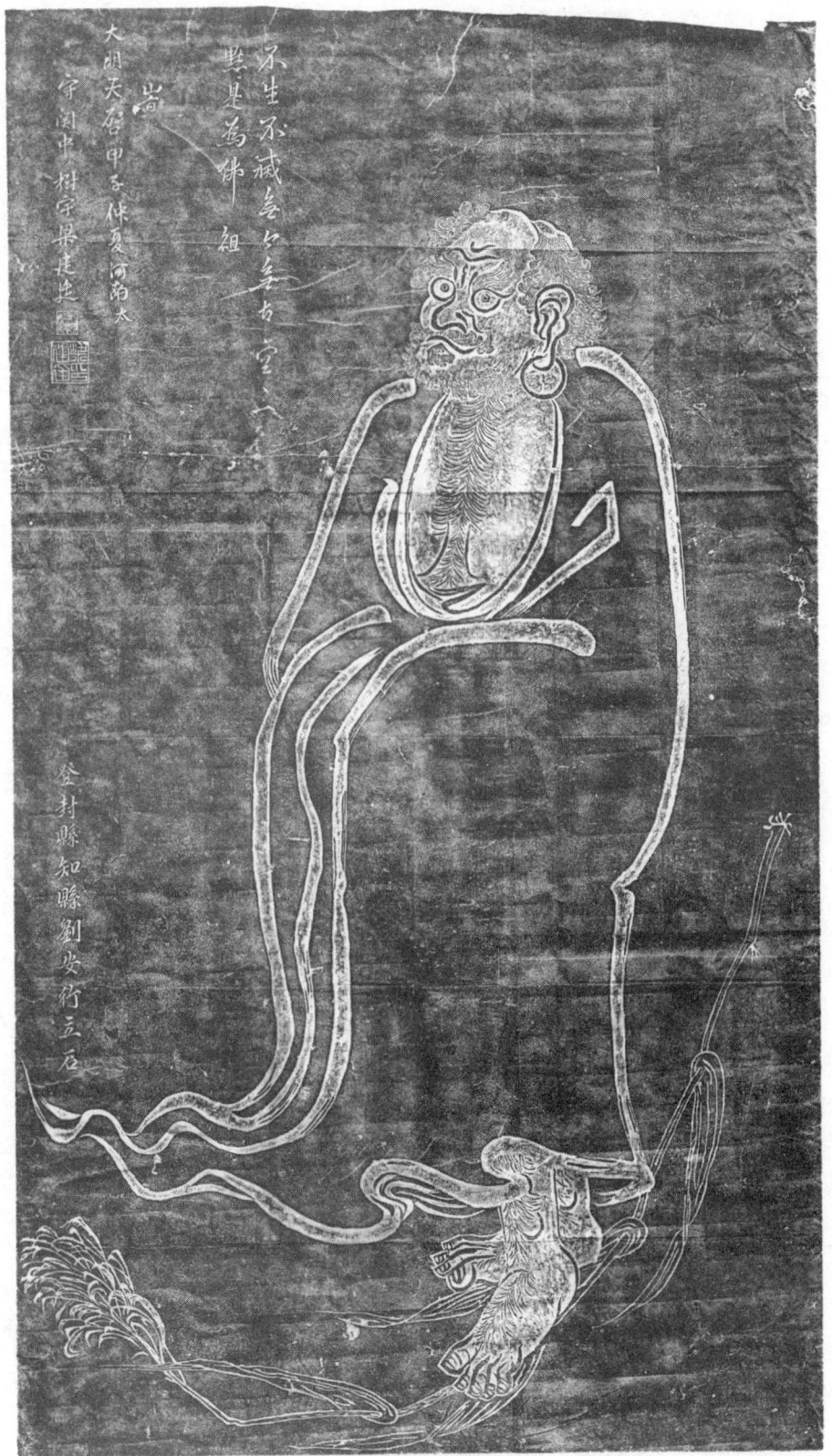

图 986　菩提达摩像（现存少林寺）

图 987　菩提达摩画像

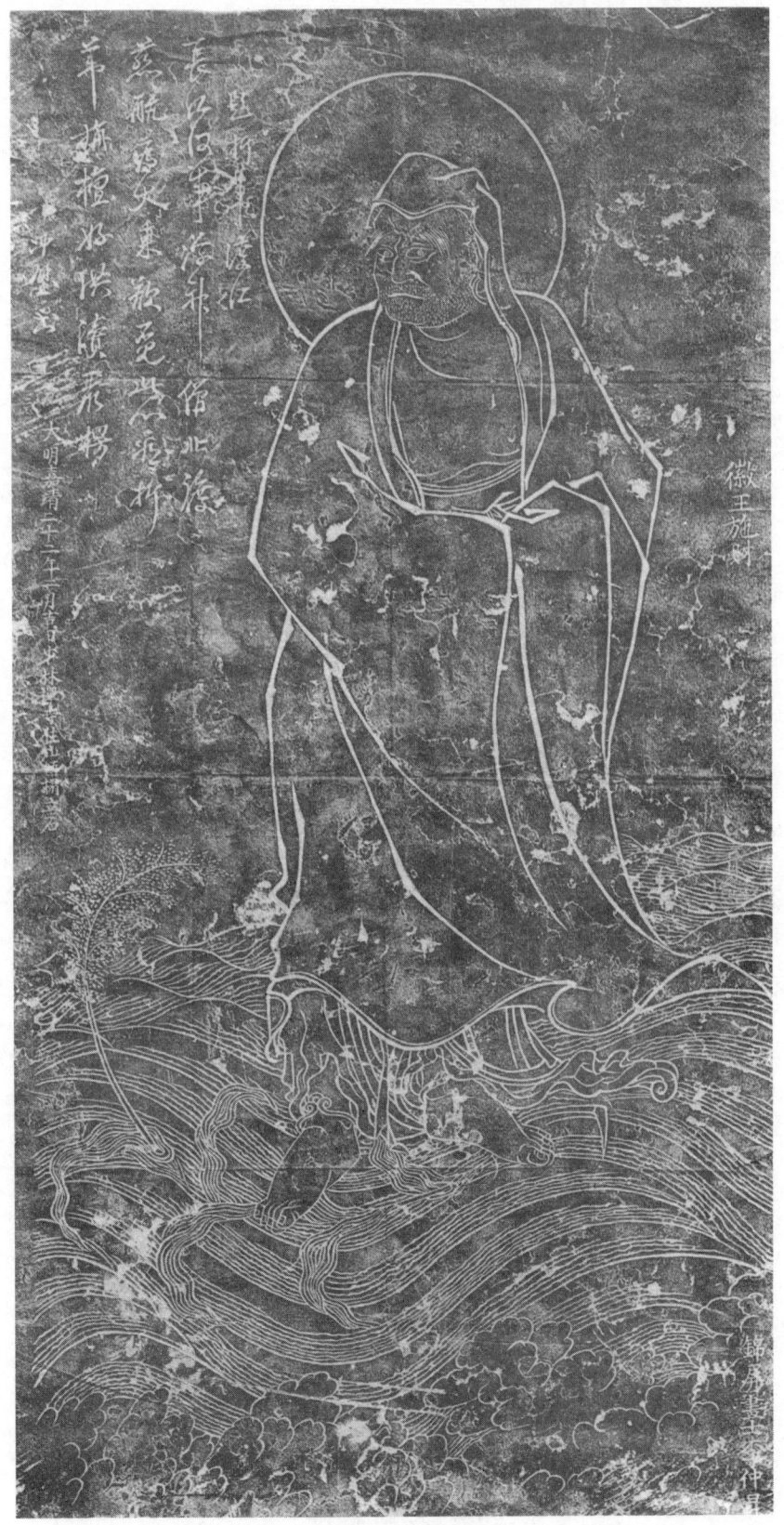

图 988 菩提达摩画像

图989 菩提达摩画像

图 990　菩提达摩画像

图 991　菩提达摩画像

图 992　菩提达摩画像

图 993　佛、道、儒三教圣像图（现存少林寺）

## 混元三教九流圖贊

佛教見性 道教保命 儒教明倫 綱常是正
農流務本 墨流備世 名流責實 法流輔制
從橫應對 天醫小說 咨詢人原 陰陽順述 而不作
雜流難精 博者無通 日月三光 金玉五穀
心身炙膚 鼻口耳目 烏善殊塗 咸歸千治
曲士偏執 黨同排異 毋忠固融 一以貫之
要在圓融 一以貫之
三教一體 九流一源
百家一理 萬法一門

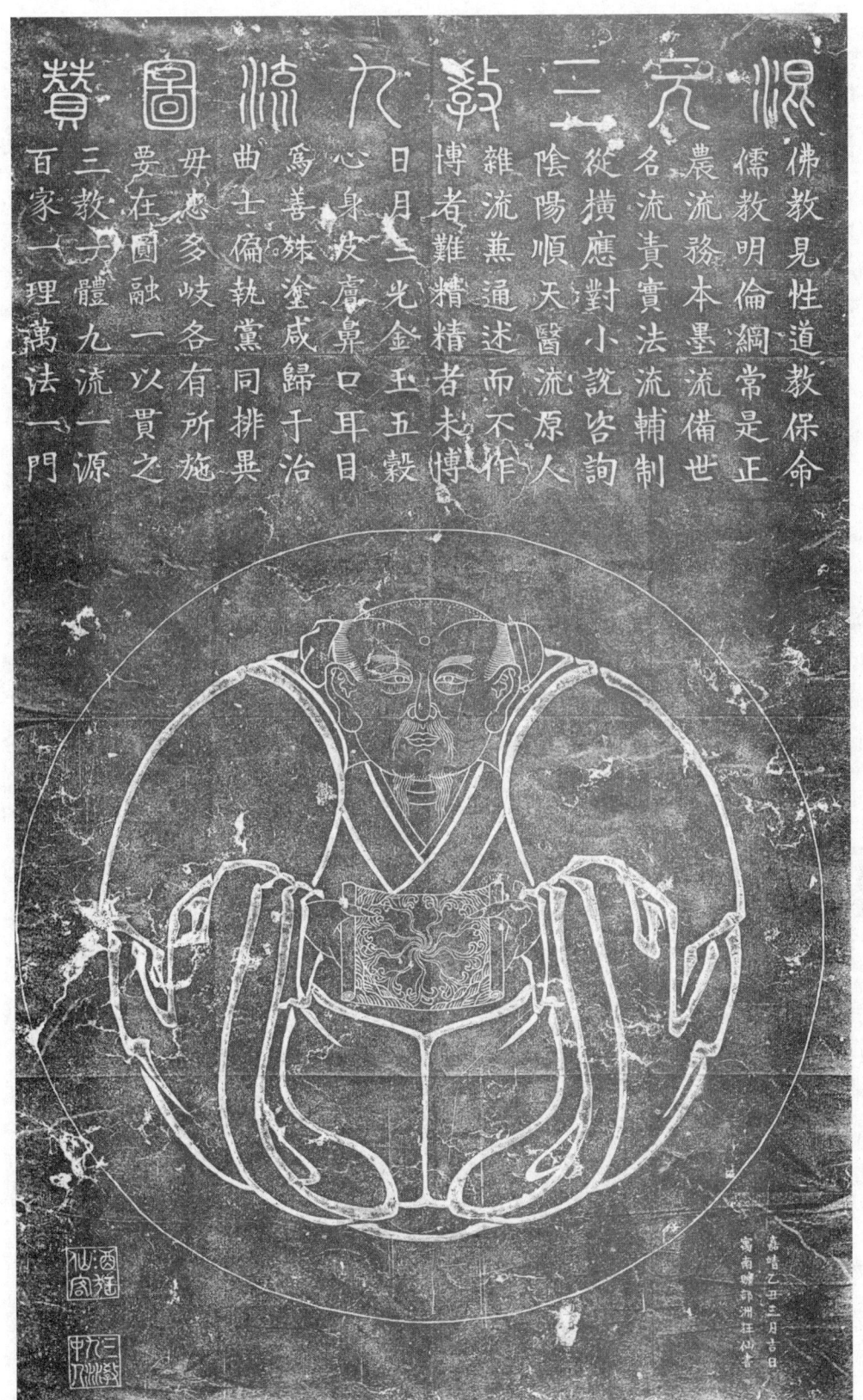

图994 佛、道、儒三教圣像图（现存少林寺）

图 995　少林寺二祖慧柯像

图 996　少林寺二祖慧柯像

图 997　释迦如来双迹灵相图（现存少林寺）

图 998　河南府西面的石桥

图 999　灵宝县城墙

图 1000　灵宝县城墙

图 1001　灵宝县城墙

图 1002　函谷关

图 1003　华岳庙（西岳庙）：第四进院

图 1004　华岳庙：第五进院

图 1005 乙　华岳庙全景图

图 1005　华岳庙：第三进院内的铸铁香炉

图 1006　刻于 767 年石碑的边框装饰　　　　图 1007　刻于 965 年石碑的边框装饰

图 1008　西岳华山全景图（绘于 1700 年）

图 1009 华岳庙：万寿阁

图 1010　霸河长桥

图 1011　浐河古桥

# 西安府图集

图 1012　837 年刻在石碑上的经典古籍（现存西安府碑林）

图 1013　都城隍庙中的水池

图 1014　人手迹石

图 1015　迎祥观

图1016 金胜寺外大门

图1017 石碑群,右侧第二碑为景教碑

图 1018　刻于 781 年的景教碑

1199 | 西安府图集

图 1019　西郊小镇西门

图 1020　清真大寺

图 1021　清真大寺

图 1022　清真大寺

图 1023　文庙

图1032 线刻画"黑番投诚图"（大慈恩寺内）

图1024 大雁塔（大慈恩寺）

图 1025　小雁塔（荐福寺）

图 1026　勒赐礼拜寺对面的清真寺

图 1027　勒赐礼拜寺内的亭子

图1028 线刻画"红苗归化图"（大慈恩寺内）

图 1029 大慈恩寺：大雁塔前景色

图 1030 潘台衙门外大门

图 1031　西安府西大门

图 1033　牌楼

图 1034　渭河上的运煤船

图 1035　泊在咸阳的运煤船

图 1036　咸阳县内主街道

图 1037　咸阳县北文王陵

图 1039　乾州：城隍庙内景

图 1038　北杜镇铁塔

图 1040　三原县东面的石桥

图 1041　被迫在渭河边逗留 26 小时

图 1042　合阳县东的景色

图 1043　合阳县东的景色

图 1044　合阳县与韩城县之间的牌坊

图 1045　山西河津县西面的风水碑

图 1046 风水碑

# 韩城县芝川镇司马迁祠图集

图 1047 位于韩城县南芝川镇的司马迁祠

图 1048　司马迁祠全景

图 1049　前往司马迁祠经过的第一座牌坊

图 1050　第二座牌坊

图 1051　第三座牌坊

图 1052 通往司马迁砖石台阶的起点

图 1053　砖石台阶中段

图 1054　砖石台阶的终点

图 1055　司马迁墓

图 1056　司马迁祠

图 1057　芝川镇与韩城县之间的寺庙

图 1058　韩城县北，去往陕西龙门的路上

图 1059　龙门下游黄河右岸

图 1060　龙门两山之间的小岛

图 1061　黄河龙门左岸

图 1062　黄河龙门左岸

图1063　龙门小岛寺庙内的五彩琉璃影壁

图1064　陕西龙门全景图（刻于1874年）

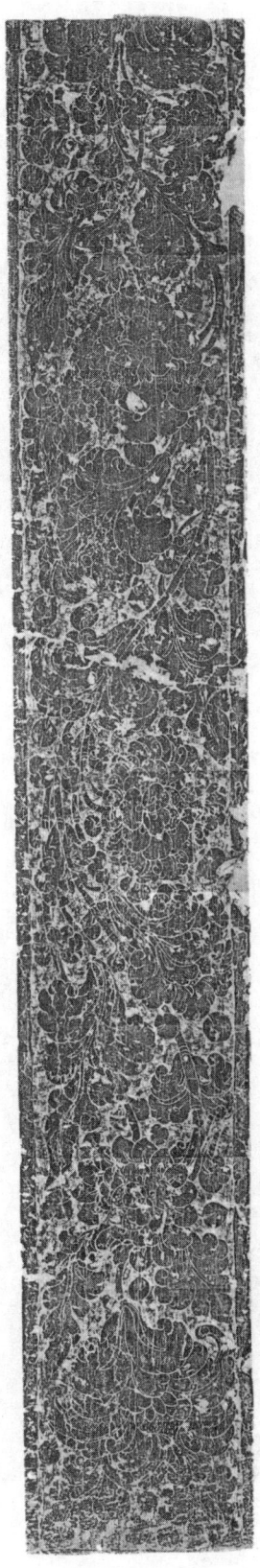

图 1065　石碑边框装饰

图 1066　山西绛州城墙外景

图 1067　汾河谷

图 1068 平阳府南面的尧帝庙

图 1069 洪洞县城南小桥

1237 | 韩城县芝川镇司马迁祠图集

图 1070　仁义镇

图 1071　离开仁义镇走在山坡路上

图 1072　离开仁义镇走到山坡顶上

图 1073　翻越韩侯岭前的关帝庙

图 1074　越过韩侯岭后来到山脚下

图 1075　汾河岸边

图 1076　穿过灵石县后看到的景色

图 1077 穿过灵石县后看到的景色

图 1078　抵达介休县前道路左侧风景

图 1079　路边的瞭望台

1243 | 韩城县芝川镇司马迁祠图集

图 1080 平遥县牌坊

# 太原府图集

图 1081　太原府西南面的永祚寺双塔

图1082 抵达太原府

1247 | 太原府图集

图 1083 太原府大南门

图 1084　1900 年被杀害的传教士纪念碑

图 1085 位于太原府东南角的小五台庙

图 1086　小五台庙外景

图 1087　九仙桥

图 1088　城隍庙外大门

图 1089　城隍庙正殿

图 1090　太原府内的牌楼

图 1091　太原府内的牌楼

1253 | 太原府图集

图1092 太原府与忻州之间的石岭关

图1093 石岭关端界

图 1094　忻州最南端界所　（见图 1152）

图 1095 墓冢旁的墓碑

图 1096　定襄县城东北的一座坟墓

图 1097　定襄县城东北的墓地

1257 | 太原府图集

图 1098　五台县城西大门

# 五台山图集

图 1099　清凉石寺：清凉石

图 1100　金阁寺

图 1101　中央平台前的景色

图 1102　中央平台周围的寺庙建筑群

图 1103　显通寺：正殿

图 1104　显通寺：无量殿

图 1105 显通寺：寺内平台上竖立着五座小铜塔和鎏金铜殿

图1106 显通寺：五座鎏金小铜塔之一（建于1602年）

图 1107 清凉石寺（见图 1099）：五座鎏金小铜塔之一（建于 1606 年）

图1108 显通寺：五座鎏金小铜塔之一

图 1109 显通寺：五座鎏金小铜塔之一

图 1110　显通寺：鎏金铜殿南面（建于 1630 年）

图 1111　大圆照寺

图 1112　真容院

图 1113　文殊寺

图 1114　竹林寺

图 1115　竹林寺外的墓冢

图 1116　圆果寺

图 1117 天宁寺中的佛塔

图 1118　前往雁门关的路上

图 1119　雁门关

图 1120　村庄的南大门

# 大同府图集

图 1121　大同府城墙外景

图 1122　大同府城墙外景

图 1123　大同府街道

图 1124　大同府街道

图 1125　大同府街道

图 1126 鼓楼

图 1127　四平楼

图 1128　朱衣阁

图 1129 魁星楼

图 1130　药王庙

图 1131　文庙外大门

图 1132　城内的五彩琉璃龙壁

图 1133　在前往云冈的路上：观音堂前的五彩琉璃龙壁

图 1134　在前往云冈的路上：观音堂

图 1135　云冈村

图 1136　云冈石佛寺内院（见图 200—201）

图 1137　雕在云冈岩壁上的佛像

图 1138　主街道

图 1139　昭化寺

图 1140　昭化寺内的佛塔

图 1141　钟楼

图 1142　云台（建于 1345 年）南面

图1143 云台西壁南侧

图 1144　西方广目天王

图 1145　北方多闻天王

图 1146　东方持国天王

图 1147　南方增长天王

图 1148　砖石牌坊（河南省）

图 1149　砖石牌坊（河南省）

图1150 砖石牌坊（山西省）

图 1151 墓碑（山西省）

图1152　立于山西忻州南的界碑（见图1094）

图 1153　山东邹县的纪念碑

图 1154 墓碑（山西定襄县）

图 1155 墓碑（山西定襄县）

图 1156 墓碑（山西灵石县）

图 1157　墓碑（山西定襄县）

图 1158　瞭望台（山西）

图1159 圣树（山西天镇县西）

图1160 太原府衙门前的影壁

图 1161 五台县某村内的影壁

图 1162　山东翟家庄内的影壁（建于 1714 年）

图1163 奉天天后宫内的陶土浮雕画

图 1164　山西北徐屯寺庙里的壁画

图 1165　山西北徐屯寺庙里的壁画

1313 | 大同府图集

图 1166　山西北徐屯寺庙里的壁画

图 1167　玄武帝塑像（山西北部地区）

图1168 山西北徐屯寺庙里的壁画：女神、五龙王和雨神（见图1175）

图1169 图1168左侧的壁画：湖神

1315 | 大同府图集

图1170　玄武大帝的弟子（图1167左侧塑像）

图1171　玄武大帝的弟子（图1167右侧塑像）

图 1172 财神爷（大同府）

图 1173 图 1168 右侧的壁画：骏马王

图 1174　山西五台县东北某村内表现当地大仙的壁画

图 1175　山西五台县东北某村内表现女神、五龙王及雨神的壁画

图1176 寿星字谜图（河南龙门）

图 1177　寿星图（山西华阴县华岳庙）

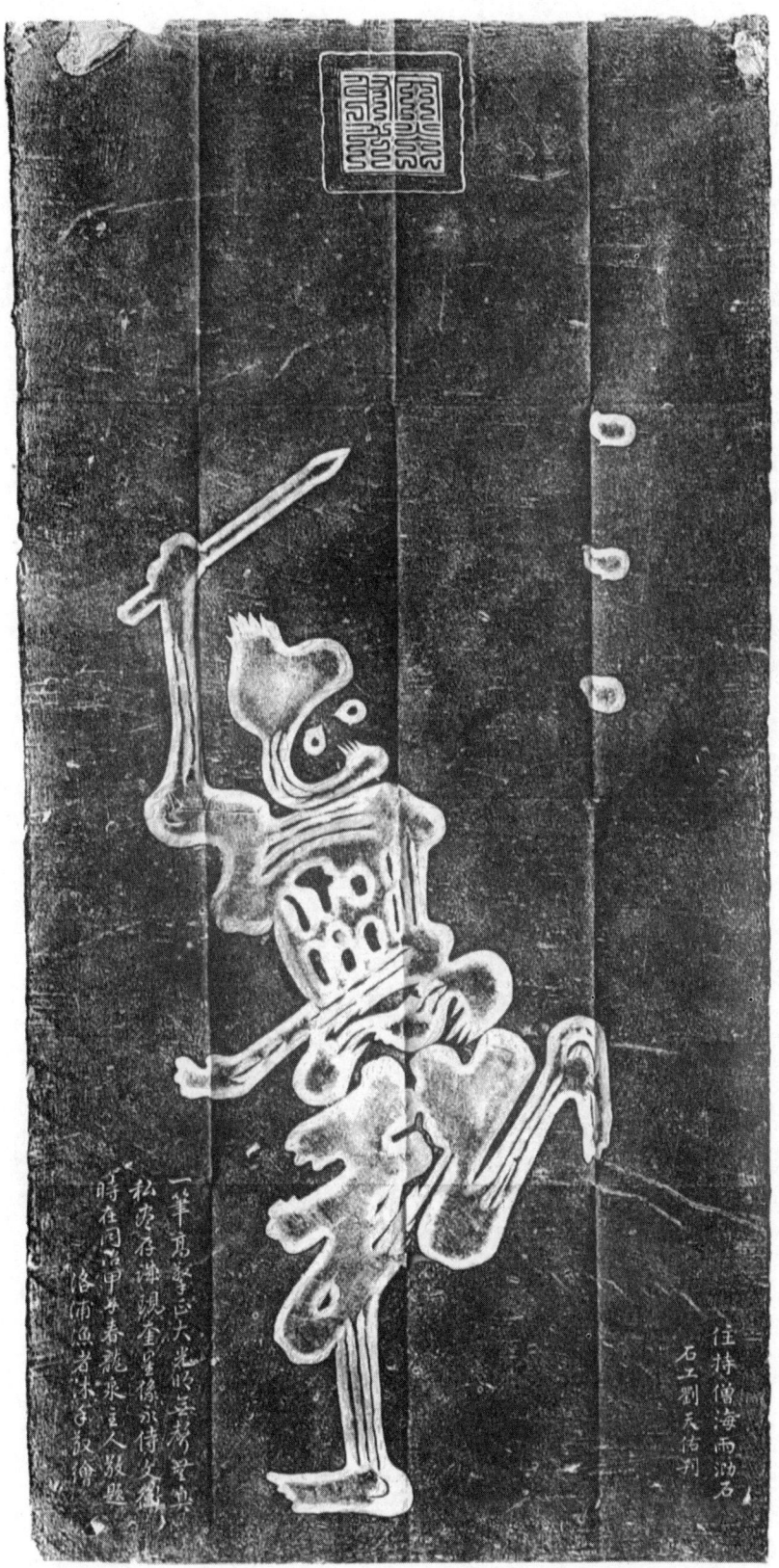

图 1178　魁星字谜图（河南龙门）

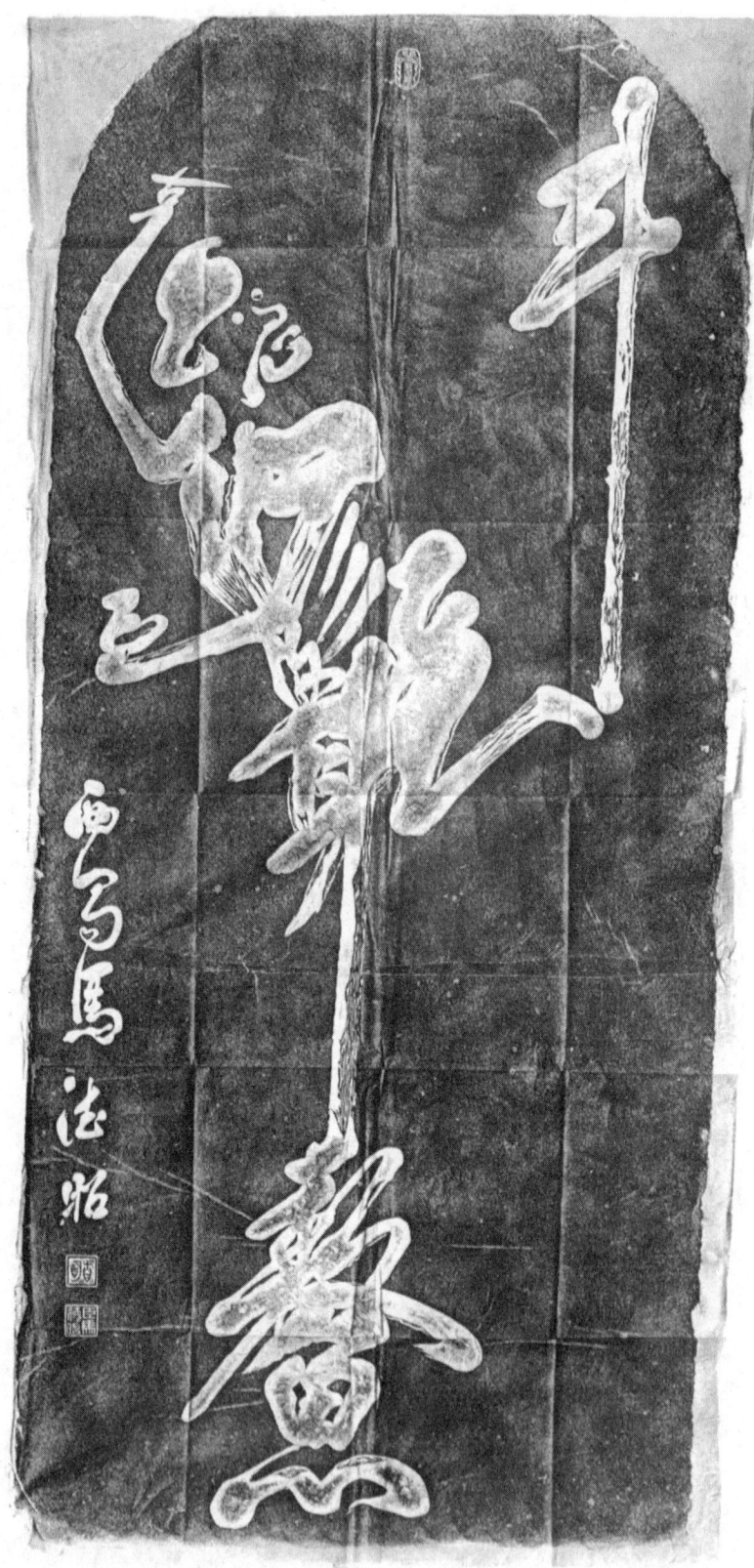

图 1179 魁星字谜图（西安碑林）

# 结束语

　　我们刚刚读过的一篇篇文字不可能把佛教雕塑所包含的内容都涵盖于内，许多佛教雕塑依然有待于去研究、去挖掘。但在云冈石窟里，我们至少看到佛教艺术是如何在远东兴起的，而龙门石窟则秉承云冈石窟艺术的精华，通过龙门石窟的一尊尊塑像，我们逐步发现北魏艺术是如何向唐代艺术转变的。无论是巩县石窟寺，还是济南府的千佛山，我们在各地所发现的佛教塑像大多是在北魏至唐代时期雕制的。因此，在这一尊尊佛像当中，蕴藏着极丰富的佛教艺术素材，它让我们认识了佛教雕塑艺术从问世时起，即从公元5世纪中叶起，直至8世纪初为止的中国北方佛教艺术的发展历程。

# 图片索引

图 1　太室阙的两座石阙 / 42
图 2　太室阙西阙北面 / 44
图 3　太室阙西阙南面 / 45
图 4　太室阙东阙北面 / 46
图 5　太室阙东阙南面 / 47
图 6　太室阙镌刻在西阙北面上的铭文 / 51
图 7　太室阙镌刻在西阙南面上的铭文 / 50
图 8　太室阙浮雕画 / 52
图 9　太室阙浮雕画 / 53
图 10　太室阙铭文 / 53
图 11　太室阙浮雕画 / 54
图 12　太室阙浮雕画 / 55
图 13　太室阙浮雕画 / 55
图 14　开母阙的两座石阙 / 56
图 15　开母阙西阙北面和东面 / 58
图 16　开母阙西阙南面 / 59
图 17　开母阙东阙北面 / 60
图 18　开母阙东阙南面和西面 / 61
图 19　开母阙镌刻在西阙北面和东面上的铭文 / 64
图 20　开母阙浮雕画 / 69
图 21　开母阙镌刻在西阙北面上堂谿典所撰铭文 / 69
图 22　开母阙浮雕画 / 70
图 23　开母阙浮雕画 / 71
图 24　开母阙浮雕画 / 71
图 25　开母阙浮雕画 / 71
图 26　开母阙浮雕画 / 71
图 27　少室阙西阙北面 / 72
图 28　少室阙东阙北面 / 73
图 29　少室阙东阙南面 / 74
图 30　少室阙碑题：少室神道之阙 / 76
图 31　少室阙镌刻于 123 年的铭文 / 76
图 32　少室阙浮雕画 / 78
图 33　少室阙浮雕画 / 79
图 34　少室阙浮雕画 / 79
图 35　少室阙浮雕画 / 80
图 36　少室阙浮雕画 / 80
图 37　少室阙浮雕画 / 80
图 38　少室阙浮雕画 / 80
图 39　高颐（卒于 209 年）墓石阙浮雕画及铭文；拓片为赝品。这些拓片是奥龙少校转给我的 / 29
图 40　高颐墓石阙上的浮雕画，拓片为奥龙少校拓制 / 30
图 41　高颐墓石阙上的浮雕画，拓片为奥龙少校拓制 / 30
图 42　高颐墓石阙上的浮雕画，拓片为奥龙少校拓制 / 30
图 43　高颐墓石阙上的浮雕画，拓片为奥龙少校拓制 / 31
图 44　孝堂山石祠 / 84
图 45　孝堂山石祠后石壁西侧 / 94
图 46　孝堂山石祠后石壁东侧 / 96
图 47　孝堂山石祠东石壁 / 100
图 48　孝堂山石祠西石壁 / 104
图 49　孝堂山石祠西石壁下部 / 106
图 50　孝堂山石祠东石壁下部 / 108
图 51　孝堂山石祠三角石梁西面 / 112
图 52　孝堂山石祠三角石梁东面 / 110
图 53　孝堂山石祠三角石梁底面 / 114
图 54　孝堂山石祠石祠外侧东石柱 / 114
图 55　孝堂山石祠陇东王感孝颂铭文（刻于 570 年）/ 87
图 56　武梁祠两座石阙 / 212
图 57　武梁祠西阙北面 / 231
图 58　武梁祠西阙南面 / 236
图 59　武梁祠东阙北面 / 234
图 60　武梁祠东阙南面 / 238
图 61　武梁祠西阙东面 / 242
图 62　武梁祠东阙东面 / 239
图 63　武梁祠西阙北面 / 232
图 64　西阙：子阙西面 / 246
图 65　武梁祠西阙南面 / 237
图 66　武梁祠西阙东面 / 243
图 67　武梁祠西阙：子阙北面 / 244
图 68　武梁祠西阙：子阙南面 / 245
图 69　武梁祠东阙北面 / 235
图 70　武梁祠东阙西面 / 243
图 71　武梁祠东阙南面 / 240
图 72　武梁祠东阙：子阙东面 / 246
图 73　武梁祠东阙：子阙北面 / 244
图 74　武梁祠东阙：子阙南面 / 245
图 75　武梁祠第一石 / 249
图 75　武梁祠第一石（局部）/ 255

| 图 75 | 武梁祠第一石（局部）/ 263 | 图 113 | 武梁祠前石室第十一石 / 301 |
| --- | --- | --- | --- |
| 图 75 | 武梁祠第一石（局部）/ 272 | 图 114 | 武梁祠前石室第十二石 / 301 |
| 图 75 | 武梁祠第一石（局部）/ 277 | 图 115 | 武梁祠前石室第十五石 / 305 |
| 图 76 | 武梁祠第二石 / 251 | 图 116 | 武梁祠前石室第十三石 / 303 |
| 图 76 | 武梁祠第二石（局部）/ 261 | 图 117 | 武梁祠前石室第十四石 / 304 |
| 图 76 | 武梁祠第二石（局部）/ 270 | 图 118 | 武梁祠最新发现的第一石 / 306 |
| 图 76 | 武梁祠第二石（局部）/ 274 | 图 119 | 武梁祠左石室第一石 / 306 |
| 图 76 | 武梁祠第二石（局部）/ 279 | 图 120 | 武梁祠左石室第十石 / 299 |
| 图 77 | 武梁祠第三石 / 252 | 图 121 | 武梁祠左石室第二石 / 309 |
| 图 77 | 武梁祠第三石（局部）/ 260 | 图 122 | 武梁祠左石室第三石 / 310 |
| 图 77 | 武梁祠第三石（局部）/ 274 | 图 123 | 武梁祠左石室第四石 / 311 |
| 图 77 | 武梁祠第三石（局部）/ 277 | 图 124 | 武梁祠左石室第五石 / 311 |
| 图 77 | 武梁祠第三石（局部）/ 266 | 图 125 | 武梁祠左石室第六石 / 311 |
| 图 78 | 武梁祠祥瑞图案石刻画 / 283 | 图 126 | 出处不详的拓片，但绝非武梁祠画像石 / 158 |
| 图 79 | 武梁祠祥瑞图案石刻画 / 280 | | |
| 图 80 | 武梁祠祥瑞图案石刻画 / 288 | 图 127 | 武梁祠左石室第七石 / 312 |
| 图 81 | 祥瑞吉祥物图案（翻印自《金石索》）/ 281 | 图 128 | 武梁祠左石室第八石 / 313 |
| 图 82 | 祥瑞吉祥物图案（翻印自《金石索》）/ 281 | 图 129 | 武梁祠左石室第九石 / 314 |
| 图 83 | 祥瑞吉祥物图案（翻印自《金石索》）/ 281 | 图 130 | 武梁祠后石室第一石 / 316 |
| 图 84 | 祥瑞吉祥物图案（翻印自《金石索》）/ 281 | 图 131 | 武梁祠后石室第二石 / 318 |
| 图 85 | 祥瑞吉祥物图案（翻印自《金石索》）/ 282 | 图 132 | 武梁祠后石室第三石 / 319 |
| 图 86 | 祥瑞吉祥物图案（翻印自《金石索》）/ 282 | 图 133 | 武梁祠后石室第四石 / 320 |
| 图 87 | 祥瑞吉祥物图案（翻印自《金石索》）/ 282 | 图 134 | 武梁祠后石室第五石 / 320 |
| 图 88 | 祥瑞吉祥物图案（翻印自《金石索》）/ 283 | 图 135 | 武梁祠后石室第六石 / 321 |
| 图 89 | 祥瑞吉祥物图案（翻印自《金石索》）/ 284 | 图 136 | 武梁祠后石室第七石 / 321 |
| 图 90 | 祥瑞吉祥物图案（翻印自《金石索》）/ 284 | 图 137 | 武梁祠孔子见老子画像石 / 327 |
| 图 91 | 祥瑞吉祥物图案（翻印自《金石索》）/ 284 | 图 138 | 漫漶极甚画像石（与图 130 相似）/ 328 |
| 图 92 | 祥瑞吉祥物图案（翻印自《金石索》）/ 284 | 图 139 | 武梁祠后石室第八石 / 322 |
| 图 93 | 祥瑞吉祥物图案（翻印自《金石索》）/ 285 | 图 140 | 武梁祠后石室第九石 / 323 |
| 图 94 | 祥瑞吉祥物图案（翻印自《金石索》）/ 285 | 图 141 | 武梁祠后石室第十石 / 322 |
| 图 95 | 祥瑞吉祥物图案（翻印自《金石索》）/ 286 | 图 142 | 武梁祠前石室第二石山墙（翻印自《金石索》）/ 291 |
| 图 96 | 祥瑞吉祥物图案（翻印自《金石索》）/ 286 | | |
| 图 97 | 祥瑞吉祥物图案（翻印自《金石索》）/ 286 | 图 143 | 武梁祠最新发现的第二石 / 324 |
| 图 98 | 祥瑞吉祥物图案（翻印自《金石索》）/ 286 | 图 144 | 武梁祠在西阙脚下发现的三面镌刻画像石 / 329 |
| 图 99 | 祥瑞吉祥物图案（翻印自《金石索》）/ 287 | | |
| 图 100 | 祥瑞吉祥物图案（翻印自《金石索》）/ 287 | 图 145 | 武梁祠在西阙脚下发现的三面镌刻画像石 / 329 |
| 图 101 | 祥瑞吉祥物图案（翻印自《金石索》）/ 287 | | |
| 图 102 | 祥瑞吉祥物图案（翻印自《金石索》）/ 287 | 图 146 | 武梁祠在西阙脚下发现的三面镌刻画像石 / 329 |
| 图 103 | 武梁祠前石室第一石 / 290 | | |
| 图 104 | 武梁祠前石室第七石 / 296 | 图 147 | 刘家村第一石 / 119 |
| 图 105 | 武梁祠前石室第二石 / 290 | 图 148 | 刘家村第二石 / 119 |
| 图 106 | 武梁祠前石室第五石 / 293 | 图 149 | 焦城村第三石 / 121 |
| 图 107 | 武梁祠前石室第三石 / 292 | 图 150 | 焦城村画像石（疑似赝品）/ 123 |
| 图 108 | 武梁祠前石室第四石 / 292 | 图 151 | 焦城村画像石（疑似赝品）/ 122 |
| 图 109 | 武梁祠前石室第六石 / 294 | 图 152 | 焦城村第二石 / 120 |
| 图 110 | 武梁祠前石室山墙 / 309 | 图 153 | 周公像画像石 / 124 |
| 图 111 | 武梁祠前石室第九石 / 298 | 图 154 | 南武阳石阙：镌刻于公元 87 年的铭文 / 125 |
| 图 111 乙 | 武梁祠前石室第九石 / 298 | | |
| 图 112 | 武梁祠前石室第八石 / 297 | 图 155 | 武阳石阙：镌刻于公元 86 年的铭文 / 126 |

| 图 156 | 南武阳石阙 / 127 |
| 图 157 | 南武阳石阙 / 127 |
| 图 158 | 出处不详石刻画第一幅拓片 / 128 |
| 图 159 | 出处不详石刻画第二幅拓片 / 129 |
| 图 160 | 出处不详石刻画第三幅拓片 / 130 |
| 图 161 | 出处不详石刻画第四幅拓片 / 131 |
| 图 162 | 出处不详石刻画第五幅拓片 / 132 |
| 图 163 | 出处不详石刻画第六幅拓片 / 133 |
| 图 164 | 文叔阳墓祠食堂浮雕画 / 134 |
| 图 165 | 凤凰图 / 137 |
| 图 166 | 飞鸟图 / 137 |
| 图 167 | 李翕颂摩崖石刻画 / 138 |
| 图 168 | 李翕颂铭文 / 139 |
| 图 169 | 阿道夫·菲舍尔教授带回柏林的石刻画 / 143 |
| 图 170 | 阿道夫·菲舍尔教授带回柏林的石刻画 / 144 |
| 图 171 | 阿道夫·菲舍尔教授带回柏林的石刻画 / 145 |
| 图 172 | 菲舍尔教授带回柏林的一根画像柱展开画面 / 146 |
| 图 173 | 出处不详的拓片 / 152 |
| 图 174 | 出处不详的拓片 / 152 |
| 图 175 | 出处不详的拓片 / 153 |
| 图 176 | 晋阳山第一石 / 147 |
| 图 177 | 晋阳山第二石 / 148 |
| 图 178 | 出处不详的拓片 / 153 |
| 图 179 | 出处不详的拓片 / 154 |
| 图 180 | 持斧男子石刻画 / 149 |
| 图 181 | 鲁恭王墓石刻守卒（翻印自《金石索》）/ 150 |
| 图 182 | 济宁州画像石 / 151 |
| 图 183 | 出处不详的拓片 / 155 |
| 图 184 | 出处不详的拓片 / 155 |
| 图 185 | 出处不详的拓片 / 156 |
| 图 186 | 出处不详的拓片 / 157 |
| 图 187 | 出处不详的拓片 / 160 |
| 图 188 | 出处不详的拓片 / 160 |
| 图 189 | 出处不详的拓片 / 160 |
| 图 190 | 出处不详的拓片 / 162 |
| 图 191 | 出处不详的拓片 / 161 |
| 图 192 | 不其县令石阙上的浮雕画（翻印自《隶续》）/ 164 |
| 图 193 | 汉代墓碑（翻印自《隶续》）/ 165 |
| 图 194 | 汉代墓碑（翻印自《隶续》）/ 165 |
| 图 195 | 汉代墓碑（翻印自《隶续》）/ 166 |
| 图 196 | 汉代墓碑（翻印自《隶续》）/ 166 |
| 图 197 | 汉砖（翻印自《金石契》）/ 167 |
| 图 198 | 汉砖（翻印自《金石契》）/ 167 |
| 图 199 | 四川新都县王稚子石阙（105 年，翻印自《金石索》）/ 168 |
| 图 200 | 云冈石窟佛寺 / 335 |
| 图 201 | 云冈石窟佛寺 / 335 |
| 图 202 | 第一窟：上明窗东侧 / 343 |
| 图 203 | 第一窟：上明窗西侧 / 344 |
| 图 204 | 第二窟：年轻释迦射箭图 / 348 |
| 图 205 | 第二窟：年轻释迦无忧无虑的生活场景 / 348 |
| 图 206 | 第二窟：年轻释迦与父亲谈话的场景 / 349 |
| 图 207 | 第二窟：出游四门碰到老人 / 350 |
| 图 208 | 第二窟：出游四门碰到病人 / 350 |
| 图 209 | 第二窟：出游四门碰到沙门 / 351 |
| 图 210 | 第二窟：出游四门碰到死人 / 351 |
| 图 211 | 第二窟：侍女酣睡图 / 352 |
| 图 212 | 第二窟：年轻释迦离开王宫 / 353 |
| 图 213 | 第二窟：场景难以辨明 / 354 |
| 图 214 | 第二窟：场景难以辨明 / 354 |
| 图 215 | 第二窟：东壁及西壁上部画面 / 355 |
| 图 216 | 第二窟：东壁及西壁上部人物画面 / 356 |
| 图 217 | 第二窟：中央方塔柱一角上的人物雕像 / 357 |
| 图 218 | 第二窟：中央方塔柱一面上的佛像 / 358 |
| 图 219 | 第五窟：位于主窟入口处左侧的前室 / 372 |
| 图 220 | 第二窟：上明窗西侧 / 360 |
| 图 221 | 第二窟：上明窗东侧 / 361 |
| 图 222 | 第四窟：入口处东面 / 364 |
| 图 223 | 第四窟：入口处东面，下部雕像 / 365 |
| 图 224 | 第四窟：入口处东面，上部雕像 / 366 |
| 图 225 | 第四窟：入口处西面 / 367 |
| 图 226 | 第四窟：入口处西面，上部雕像 / 368 |
| 图 227 | 第四窟：东壁 / 369 |
| 图 228 | 第四窟：东壁下部 / 370 |
| 图 229 | 第五窟入口 / 371 |
| 图 230 | 第九窟：东壁下部 / 379 |
| 图 231 | 第五窟：前室入口与上明窗之间石壁 / 373 |
| 图 232 | 第六窟：前室入口与上明窗之间石壁 / 374 |
| 图 233 | 第六窟：前室入口与上明窗之间石壁：西侧 / 375 |
| 图 234 | 第六窟：前室入口与上明窗之间石壁：东侧 / 376 |
| 图 235 | 第六窟：前室西壁 / 377 |
| 图 236 | 佛寺东侧石窟 / 381 |
| 图 237 | 佛寺东侧石窟 / 382 |
| 图 238 | 佛寺东侧石窟 / 383 |
| 图 239 | 佛寺东侧倒数第二座石窟，入口东面及西面 / 384 |
| 图 240 | 佛寺东侧倒数第二座石窟，入口东面及西面 / 385 |
| 图 241 | 佛寺东侧倒数第二座石窟的中央方塔 |

| | | |
|---|---|---|
|   | 柱 / 386 | |
| 图 242 | 佛寺东侧最后一座石窟的中央方塔柱 / 387 |
| 图 243 | 佛寺东侧最后一座石窟，东壁下部 / 388 |
| 图 244 | 佛寺东侧最后一座石窟，西壁 / 389 |
| 图 245 | 记不清拍摄于哪座石窟 / 389 |
| 图 246 | 第十窟西壁 / 392 |
| 图 247 | 第十二窟后壁 / 393 |
| 图 248 | 第十二窟：后壁西侧 / 394 |
| 图 249 | 第十二窟：西壁及后壁西侧 / 395 |
| 图 250 | 第十二窟：后壁东侧 / 396 |
| 图 251 | 第十二窟：东壁及后壁东侧 / 397 |
| 图 252 | 第十四窟：入口西面 / 398 |
| 图 253 | 第十四窟：入口东面 / 399 |
| 图 254 | 第十六窟：外景 / 400 |
| 图 255 | 第十七窟：紧靠入口处的佛龛 / 401 |
| 图 256 | 第十七窟：佛龛旁的菩萨及弟子像 / 402 |
| 图 257 | 第十八窟：佛像正面 / 403 |
| 图 258 | 第十八窟：佛像侧面 / 404 |
| 图 259 | 大佛正面 / 405 |
| 图 260 | 大佛西侧面 / 406 |
| 图 261 | 大佛东侧面 / 407 |
| 图 262 | 第二十窟 / 408 |
| 图 263 | A 号窟：西壁 / 409 |
| 图 264 | D 号窟：西壁 / 410 |
| 图 265 | B 号窟：西壁 / 411 |
| 图 266 | B 号窟：东壁两佛龛之间石壁 / 412 |
| 图 267 | C 号窟：西壁，下部佛龛 / 413 |
| 图 268 | F 号窟：西壁 / 414 |
| 图 269 | C 号窟：后壁 / 414 |
| 图 270 | E 号窟：西壁 / 415 |
| 图 271 | E 号窟：后壁西侧 / 416 |
| 图 272 | F 号窟：后壁 / 417 |
| 图 273 | （佛寺）西侧石窟外景局部图 / 418 |
| 图 274 | F 号窟：后壁东侧 / 419 |
| 图 275 | H 号窟入口左侧及外面 / 420 |
| 图 276 | G 号窟：东壁 / 421 |
| 图 277 | G 号窟：后壁 / 422 |
| 图 278 | 龙门西山（1）/ 426 |
| 图 279 | 龙门西山（2）/ 427 |
| 图 280 | 龙门西山（3）/ 427 |
| 图 281 | 龙门西山（4）/ 428 |
| 图 282 | 龙门西山（5）/ 428 |
| 图 283 | 龙门西山（6）/ 429 |
| 图 284 | 龙门西山（7）/ 429 |
| 图 285 | 龙门西山（8）/ 430 |
| 图 286 | 宾阳中洞：正壁大佛 / 433 |
| 图 287 | 宾阳中洞：南壁（1）/ 434 |
| 图 288 | 宾阳中洞：南壁（2）/ 435 |
| 图 289 | 宾阳中洞：北壁（1）/ 436 |
| 图 290 | 宾阳中洞：北壁（2）/ 437 |
| 图 291 | 宾阳中洞：东北角 / 438 |
| 图 292 | 宾阳中洞：东北角，北面 / 439 |
| 图 293 | 宾阳中洞：东北角，东面 / 440 |
| 图 294 | 宾阳中洞：东南角 / 440 |
| 图 295 | 宾阳中洞：东南角，南面 / 441 |
| 图 296 | 宾阳中洞：东南角，东面 / 442 |
| 图 297 | 宾阳南洞：北壁（1）/ 459 |
| 图 298 | 宾阳南洞：北壁（2）/ 460 |
| 图 299 | 宾阳南洞：南壁（1）/ 461 |
| 图 300 | 宾阳南洞：南壁（2）/ 462 |
| 图 301 | 记不清拍自哪座石窟 / 336 |
| 图 302 | 三坐佛四站立弟子群雕像北部 / 496 |
| 图 303 | 双窟（全景图上字母 G 标示）/ 497 |
| 图 304 | 双窟（全景图上字母 G 标示）/ 498 |
| 图 305 | 石狮窟（全景图上字母 H 标示）/ 505 |
| 图 306 | 石狮窟（全景图上字母 H 标示）/ 506 |
| 图 307 | 石狮窟左下石窟：入口 / 514 |
| 图 308 | 石狮窟右下石窟：石窟正壁 / 515 |
| 图 309 | 石窟寺（应列入巩县石窟寺图集）/ 516 |
| 图 310 | 刻在石壁上的佛龛（全景图上字母 J 标示）/ 517 |
| 图 311 | 靠近路边的佛龛 / 518 |
| 图 312 | Y 号窟：正佛 / 793 |
| 图 313 | 刻在石壁上的佛龛（全景图上字母 K 标示）/ 536 |
| 图 314 | L 号窟：南壁（上部）/ 545 |
| 图 315 | L 号窟：南壁（下部）/ 546 |
| 图 316 | L 号窟：后壁（下部）/ 546 |
| 图 317 | L 号窟：后壁（上部 1）/ 547 |
| 图 318 | L 号窟：后壁（上部 2）/ 548 |
| 图 319 | L 号窟：北壁（1）/ 549 |
| 图 320 | L 号窟：北壁（2）/ 549 |
| 图 321 | M 号窟：北壁，靠近入口 / 574 |
| 图 322 | M 号窟：北壁 / 575 |
| 图 323 | M 号窟：正佛左侧，老年摩诃迦叶 / 576 |
| 图 324 | 潜溪寺院子当中的画像石 / 432 |
| 图 325 | M 号窟：南壁（上部）/ 577 |
| 图 326 | M 号窟：南壁（下部）/ 578 |
| 图 327 | M 号窟：南壁 / 579 |
| 图 328 | M 号窟：南壁（下部，靠近入口）/ 580 |
| 图 329 | M 号窟：南壁（上部，靠近入口）/ 581 |
| 图 330 | M 号窟外景及入口 / 582 |
| 图 331 | 不平整的洞穴（全景图上字母 N 标示）/ 610 |
| 图 332 | Q 号窟：入口，北侧 / 616 |
| 图 333 | Q 号窟：入口，南侧 / 617 |
| 图 334 | Q 号窟：北壁（上部，靠近入口）/ 618 |
| 图 335 | Q 号窟：北壁（上部）/ 619 |
| 图 336 | Q 号窟：北壁（靠近后壁）/ 620 |

| | | |
|---|---|---|
| 图 337 | Q 号窟：后壁（1） / 621 |
| 图 338 | Q 号窟：后壁（2） / 622 |
| 图 339 | 靠近路边的佛龛（全景图上字母 R 标示） / 637 |
| 图 340 | S 号窟：南壁 / 632 |
| 图 341 | S 号窟：南壁（与图 340 相似） / 632 |
| 图 342 | S 号窟：北壁 / 633 |
| 图 343 | S 号窟：南壁（佛龛顶部） / 633 |
| 图 344 | S 号窟：北壁（佛龛顶部） / 634 |
| 图 345 | S 号窟：图 342 左侧 / 635 |
| 图 346 | S 号窟：图 340 及图 341 右侧 / 636 |
| 图 347 | T 号窟：入口 / 646 |
| 图 348 | T 号窟：北壁 / 647 |
| 图 349 | T 号窟：后壁佛像 / 648 |
| 图 350 | V 号窟：后壁佛像 / 666 |
| 图 351 | 大佛（全景图上字母 U 标示） / 655 |
| 图 352 | 大佛左侧的弟子和菩萨 / 656 |
| 图 353 | 两尊天王像（与图 352 衔接） / 657 |
| 图 354 | 刻在石壁上的佛龛（与图 353 衔接） / 657 |
| 图 355 | 大佛右侧的弟子和菩萨 / 658 |
| 图 356 | 两尊天王像（与图 355 衔接） / 659 |
| 图 357 | 刻在石壁上的佛龛（与图 356 衔接） / 659 |
| 图 358 | 石窟入口处的两尊天王像，亦见于图 357 / 665 |
| 图 359 | 石窟入口处的两尊天王像，亦见于图 357 / 665 |
| 图 360 | V 号窟：入口 / 667 |
| 图 361 | V 号窟：南壁（下部） / 668 |
| 图 362 | V 号窟：南壁（上部） / 668 |
| 图 363 | V 号窟：北壁 / 669 |
| 图 364 | 靠近路边的佛龛 / 669 |
| 图 365 | X 号窟即老君洞：北壁（下部 1） / 687 |
| 图 366 | X 号窟即老君洞：北壁（下部 2） / 688 |
| 图 367 | X 号窟即老君洞：北壁（下部 3） / 689 |
| 图 368 | X 号窟即老君洞：北壁（下部 4） / 690 |
| 图 369 | X 号窟即老君洞：北壁（下部 5） / 691 |
| 图 370 | X 号窟即老君洞：北壁（下部 6） / 692 |
| 图 371 | X 号窟即老君洞：北壁（中部 1） / 693 |
| 图 372 | X 号窟即老君洞：北壁（中部 2） / 694 |
| 图 373 | X 号窟即老君洞：北壁（中部 3） / 695 |
| 图 374 | X 号窟即老君洞：北壁（中部 4） / 696 |
| 图 375 | X 号窟即老君洞：北壁（中部 5） / 697 |
| 图 376 | X 号窟即老君洞：北壁（上部 1） / 698 |
| 图 377 | X 号窟即老君洞：北壁（上部 2） / 699 |
| 图 378 | X 号窟即老君洞：北壁（上部 3） / 700 |
| 图 379 | X 号窟即老君洞：北壁（上部 4） / 701 |
| 图 380 | X 号窟即老君洞：北壁（上部 5） / 702 |
| 图 381 | X 号窟即老君洞：南壁（下部 1） / 703 |
| 图 382 | X 号窟即老君洞：南壁（下部 2） / 704 |
| 图 383 | X 号窟即老君洞：南壁（下部 3） / 705 |
| 图 384 | X 号窟即老君洞：南壁（下部 4） / 706 |
| 图 385 | X 号窟即老君洞：南壁（下部 5） / 707 |
| 图 386 | X 号窟即老君洞：南壁（中部 1） / 708 |
| 图 387 | X 号窟即老君洞：南壁（中部 2） / 709 |
| 图 388 | X 号窟即老君洞：南壁（中部 3） / 710 |
| 图 389 | X 号窟即老君洞：南壁（中部 4） / 711 |
| 图 390 | X 号窟即老君洞：南壁（上部 1） / 712 |
| 图 391 | X 号窟即老君洞：南壁（上部 2） / 713 |
| 图 392 | X 号窟即老君洞：南壁（上部 3） / 714 |
| 图 393 | X 号窟即老君洞：南壁（上部 4） / 715 |
| 图 394 | X 号窟即老君洞：南壁（上部 5） / 716 |
| 图 395 | Y 号窟：分列正佛两侧的弟子菩萨及天王像 / 794 |
| 图 396 | Y 号窟：分列正佛两侧的弟子菩萨及天王像 / 795 |
| 图 397 | 龙门看经寺内石窟：传法世系的祖师像 / 797 |
| 图 398 | 龙门看经寺内石窟：传法世系的祖师像 / 797 |
| 图 399 | 巩县石窟寺 / 835 |
| 图 400 | 巩县石窟寺 / 836 |
| 图 401 | 巩县石窟寺 / 837 |
| 图 402 | 巩县石窟寺 / 838 |
| 图 403 | 巩县石窟寺 / 839 |
| 图 404 | 巩县石窟寺：装饰带中的乐师 / 840 |
| 图 405 | 巩县石窟寺：礼佛图，恶神打斗图 / 840 |
| 图 406 | 巩县石窟寺：诸天神像 / 841 |
| 图 407 | 巩县石窟寺：礼佛图 / 841 |
| 图 408 | 巩县石窟寺：礼佛图 / 842 |
| 图 409 | 巩县石窟寺：礼佛图 / 843 |
| 图 410 | 巩县石窟寺：礼佛图 / 844 |
| 图 411 | 巩县石窟寺 / 845 |
| 图 412 | 巩县石窟寺 / 846 |
| 图 413 | 巩县石窟寺 / 847 |
| 图 414 | 巩县石窟寺 / 847 |
| 图 415 | 巩县石窟寺 / 848 |
| 图 416 | 巩县石窟寺 / 849 |
| 图 417 | 济南府千佛山佛寺前院 / 865 |
| 图 418 | 济南府千佛山佛寺后景 / 865 |
| 图 419 | 河南登封县少林寺所存的刻于 535 年的石碑 / 870 |
| 图 420 | 河南登封县少林寺所存的 535 年的石碑之一的侧面 / 871 |
| 图 421 | 河南登封县少林寺所存的刻于 535 年的石碑的正面 / 872 |
| 图 422 | 河南登封县少林寺所存的刻于 535 年石碑之一的侧面 / 873 |
| 图 423 | 河南登封县少林寺所存刻于 535 年的石碑背 |

| | | | | | | |
|---|---|---|---|---|---|---|
| | | 面边框 / 874 | | 图 467 | 顺陵石虎 / 934 | |
| 图 424 | 少林寺所存石碑背面刻于 571 年的铭文 / 883 | | | 图 468 | 顺陵石羊 / 935 | |
| 图 425 | 少林寺所存刻于 570—571 年石碑右侧铭文 / 880 | | | 图 469 | 顺陵石狮子 / 936 | |
| | | | | 图 470 | 顺陵将军像 / 937 | |
| 图 426 | 少林寺所存公元 570—571 年石碑刻于 571 年的铭文 / 880 | | | 图 471 | 顺陵石狮子 / 938 | |
| | | | | 图 472 | 桥陵石鸵鸟 / 940 | |
| 图 427 | 少林寺所存刻于 570—571 年石碑 / 882 | | | 图 473 | 桥陵华表 / 941 | |
| 图 428 | 西安府碑林石碑 / 886 | | | 图 474 | 桥陵石马 / 942 | |
| 图 429 | 西安府碑林石碑 / 887 | | | 图 475 | 桥陵神兽（类似于翼马）/ 943 | |
| 图 430 | 刘家村寺庙里的两块画像石之一 / 898 | | | 图 476 | 桥陵神兽（类似于翼马）/ 944 | |
| 图 431 | 刘家村寺庙里的两块画像石之一 / 899 | | | 图 477 | 桥陵将军像 / 945 | |
| 图 432 | 刻于 543 年的佛像石碑 / 889 | | | 图 478 | 桥陵将军像 / 946 | |
| 图 433 | 刻于 525 年的佛座石刻画 / 895 | | | 图 479 | 景陵神兽（类似于翼马）/ 948 | |
| 图 434 | 刻于 532 年的石刻画造像题记 / 897 | | | 图 480 | 景陵官吏像 / 949 | |
| | | | | 图 481 | 景陵瑞禽（类似于鸵鸟）/ 950 | |
| 图 435 | 西安府碑林石碑上的铭文 / 888 | | | 图 482 | 永昭陵陵墓全景图 / 952 | |
| 图 436 | 西安府碑林石碑上的铭文 / 888 | | | 图 483 | 永昭陵华表、石象及驭象人 / 953 | |
| 图 437 | 出处不详的拓片 / 896 | | | 图 484 | 永昭陵神兽（类似于翼马）/ 954 | |
| 图 438 | 昭陵外门阙 / 904 | | | 图 485 | 永昭陵神兽（类似于翼马）/ 954 | |
| 图 439 | 昭陵西侧庑房，内置有三匹石刻骏马浮雕像 / 904 | | | 图 486 | 永昭陵墓前的人物雕像 / 955 | |
| | | | | 图 487 | 永昭陵石马及御者 / 956 | |
| 图 440 | 昭陵东侧第一骏马浮雕像 / 905 | | | 图 488 | 永昭陵石虎 / 957 | |
| 图 441 | 昭陵西侧第一骏马浮雕像 / 905 | | | 图 489 | 永昭陵石羊 / 958 | |
| 图 442 | 昭陵东侧第二骏马浮雕像 / 906 | | | 图 490 | 永昭陵人物雕像 / 959 | |
| 图 443 | 昭陵西侧第二骏马浮雕像 / 906 | | | 图 491 | 永昭陵人物雕像 / 960 | |
| 图 444 | 昭陵东侧第三骏马浮雕像 / 907 | | | 图 492 | 永昭陵将军像 / 961 | |
| 图 445 | 昭陵西侧第三骏马浮雕像 / 907 | | | 图 493 | 永昭陵将军像 / 962 | |
| 图 446 | 恭陵石狮雕像 / 910 | | | 图 494 | 永昭陵纳贡者 / 963 | |
| 图 447 | 恭陵石狮雕像 / 911 | | | 图 495 | 永昭陵官吏像 / 964 | |
| 图 448 | 乾陵石人群像（东侧一组）/ 914 | | | 图 496 | 永昭陵将军像 / 965 | |
| 图 449 | 乾陵外砌砖封的土阙 / 915 | | | 图 497 | 永昭陵纳贡者 / 966 | |
| 图 450 | 乾陵近代竖立的陵墓标志石碑 / 916 | | | 图 498 | 永昭陵纳贡者 / 967 | |
| 图 451 | 乾陵翼马头塑像 / 917 | | | 图 499 | 永昭陵纳贡者 / 968 | |
| 图 452 | 乾陵石人群像及石狮子（东侧一组）/ 918 | | | 图 500 | 永昭陵瑞禽及蛇神图 / 969 | |
| 图 453 | 乾陵石人群像及石狮子（西侧一组）/ 918 | | | 图 501 | 永昭陵西侧有另一皇家陵墓（图 943），这大概是宋英宗（卒于 1067 年）的陵墓 / 970 | |
| 图 454 | 乾陵东侧石狮子 / 919 | | | | | |
| 图 455 | 乾陵西侧石狮子 / 920 | | | 图 502 | 奉天宫殿收藏的青铜鼓（1）/ 972 | |
| 图 456 | 乾陵东侧石狮子 / 921 | | | 图 503 | 奉天宫殿收藏的青铜鼓（1）/ 972 | |
| 图 457 | 乾陵石马 / 922 | | | 图 504 | 奉天宫殿收藏的青铜鼓（2）/ 973 | |
| 图 458 | 乾陵石鸵鸟 / 923 | | | 图 505 | 奉天宫殿收藏的青铜鼓（2）/ 973 | |
| 图 459 | 乾陵石鸵鸟 / 924 | | | 图 506 | 奉天宫殿收藏的青铜鼓（3）/ 974 | |
| 图 460 | 乾陵石鸵鸟石碑立于唐朝，但碑文系后人所镌刻，用女真文字书写 / 925 | | | 图 507 | 奉天宫殿收藏的青铜鼓（3）/ 974 | |
| | | | | 图 508 | 奉天宫殿收藏的青铜鼓（4）/ 975 | |
| 图 461 | 乾陵石鸵鸟将军像 / 926 | | | 图 509 | 奉天宫殿收藏的青铜鼓（4）/ 975 | |
| 图 462 | 顺陵翼马 / 928 | | | 图 510 | 奉天宫殿收藏的青铜鼓（5）/ 976 | |
| 图 463 | 顺陵翼马 / 929 | | | 图 511 | 奉天宫殿收藏的青铜鼓（5）/ 976 | |
| 图 464 | 顺陵站立的石狮子 / 930 | | | 图 512 | 奉天宫殿收藏的用鹿角做椅背的木雕椅 / 977 | |
| 图 465 | 顺陵站立的石狮子 / 931 | | | | | |
| 图 466 | 顺陵将军像 / 932 | | | | | |

| 图 513 | 奉天宫殿收藏的青铜鼓（山东潍县张毓琮收藏）/ 978 |
|---|---|
| 图 514 | 山东潍县张毓琮收藏的青铜罐 / 979 |
| 图 515 | 山东潍县张毓琮收藏的青铜罐 / 979 |
| 图 516 | 山东潍县张毓琮收藏的青铜瓮、罐、瓶 / 980 |
| 图 517 | 山东潍县张毓琮收藏的青铜瓮、罐、瓶 / 980 |
| 图 518 | 山东潍县张毓琮收藏的青铜瓮、罐、瓶 / 981 |
| 图 519 | 山东潍县张毓琮收藏的青铜器皿 / 981 |
| 图 520 | 山东潍县张毓琮收藏的青铜器皿 / 982 |
| 图 521 | 山东潍县张毓琮收藏的青铜器皿 / 982 |
| 图 522 | 山东潍县张毓琮收藏的青铜器皿 / 770 |
| 图 523 | 作者在济南府看到的青铜器皿 / 983 |
| 图 524 | 作者在济南府看到的青铜器皿 / 983 |
| 图 525 | 出自河南巩县古墓的陶俑、陶马及陶兽 / 984 |
| 图 526 | 出自河南巩县古墓的陶俑、陶马及陶兽 / 985 |
| 图 527 | 出自河南巩县古墓的陶俑、陶马及陶兽 / 985 |
| 图 528 | 出自河南巩县古墓的陶俑、陶马及陶兽 / 986 |
| 图 529 | 出自河南巩县古墓的陶俑、陶马及陶兽 / 986 |
| 图 530 | 出自河南巩县古墓的陶俑、陶马及陶兽 / 987 |
| 图 531 | 出自河南巩县古墓的陶俑、陶马及陶兽 / 987 |
| 图 532 | 出自河南巩县古墓的陶土骆驼雕像 / 988 |
| 图 533 | 在河南府收购的陶罐 / 988 |
| 图 534 | 出自巩县与偃师县之间古墓的陶罐及古砖 / 988 |
| 图 535 | 出自巩县与偃师县之间古墓的陶罐及古砖 / 989 |
| 图 536 | 出自巩县与偃师县之间古墓的陶罐及古砖 / 990 |
| 图 537 | 出自巩县与偃师县之间古墓的陶罐及古砖 / 990 |
| 图 538 | 龙门造像题记 / 735 |
| 图 539 | 龙门造像题记 / 718 |
| 图 540 | 龙门造像题记 / 728 |
| 图 541 | 龙门造像题记 / 737 |
| 图 542 | 龙门造像题记 / 726 |
| 图 543 | 龙门造像题记 / 720 |
| 图 544 | 龙门造像题记 / 780 |
| 图 545 | 龙门造像题记 / 759 |
| 图 546 | 龙门造像题记 / 731 |
| 图 547 | 龙门造像题记 / 724 |
| 图 548 | 龙门造像题记 / 763 |
| 图 549 | 龙门造像题记 / 723 |
| 图 550 | 龙门造像题记 / 719 |
| 图 551 | 龙门造像题记 / 725 |
| 图 552 | 龙门造像题记 / 725 |
| 图 553 | 龙门造像题记 / 729 |
| 图 554 | 龙门造像题记 / 722 |
| 图 555 | 龙门造像题记 / 719 |
| 图 556 | 龙门造像题记 / 730 |
| 图 557 | 龙门造像题记 / 742 |
| 图 558 | 龙门造像题记 / 781 |
| 图 559 | 龙门造像题记 / 742 |
| 图 560 | 龙门造像题记 / 782 |
| 图 561 | 龙门造像题记 / 746 |
| 图 562 | 龙门造像题记 / 780 |
| 图 563 | 龙门造像题记 / 740 |
| 图 564 | 龙门造像题记 / 741 |
| 图 565 | 龙门造像题记 / 755 |
| 图 566 | 龙门造像题记 / 751 |
| 图 567 | 龙门造像题记 / 741 |
| 图 568 | 龙门造像题记 / 769 |
| 图 569 | 龙门造像题记 / 733 |
| 图 570 | 龙门造像题记 / 761 |
| 图 571 | 龙门造像题记 / 764 |
| 图 572 | 龙门造像题记 / 776 |
| 图 573 | 龙门造像题记 / 773 |
| 图 574 | 龙门造像记 / 778 |
| 图 575 | 龙门造像题记 / 788 |
| 图 576 | 龙门造像题记 / 771 |
| 图 577 | 龙门造像题记 / 767 |
| 图 578 | 龙门造像题记 / 750 |
| 图 579 | 龙门造像题记 / 777 |
| 图 580 | 龙门造像题记 / 762 |
| 图 581 | 龙门造像题记 / 828 |
| 图 582 | 龙门造像题记 / 768 |
| 图 583 | 龙门造像题记 / 782 |
| 图 584 | 龙门造像题记 / 753 |
| 图 585 | 龙门造像题记 / 765 |
| 图 586 | 龙门造像题记 / 732 |
| 图 587 | 龙门造像题记 / 758 |
| 图 588 | 龙门造像题记 / 758 |
| 图 589 | 龙门造像题记 / 754 |
| 图 590 | 龙门造像题记 / 745 |
| 图 591 | 龙门造像题记 / 747 |
| 图 592 | 龙门造像题记 / 748 |
| 图 593 | 龙门造像题记 / 757 |
| 图 594 | 龙门造像题记 / 785 |
| 图 595 | 龙门造像题记 / 789 |

图 596　龙门造像题记 / 786
图 597　龙门造像题记 / 786
图 598　龙门造像题记 / 779
图 599　龙门造像题记 / 756
图 600　龙门造像题记 / 776
图 601　龙门造像题记 / 775
图 602　龙门造像题记 / 775
图 603　龙门造像题记 / 745
图 604　龙门造像题记 / 734
图 605　龙门造像题记 / 783
图 606　龙门造像题记 / 766
图 607　龙门造像题记 / 749
图 608　龙门造像题记 / 765
图 609　龙门造像题记 / 790
图 610　龙门造像题记 / 744
图 611　龙门造像题记 / 774
图 612　龙门造像题记 / 771
图 613　龙门造像题记 / 784
图 614　龙门造像题记 / 756
图 615　龙门造像题记 / 787
图 616　龙门造像题记 / 762
图 617　龙门造像题记 / 739
图 618　龙门造像题记 / 772
图 619　龙门造像题记 / 757
图 620　龙门造像题记 / 743
图 621　龙门造像题记 / 733
图 622　龙门造像题记 / 778
图 623　龙门造像题记 / 753
图 624　龙门造像题记 / 775
图 625　龙门造像题记 / 537
图 626　龙门造像题记 / 643
图 627　龙门造像题记 / 642
图 628　龙门造像题记 / 644
图 629　龙门造像题记 / 651
图 630　龙门造像题记 / 642
图 631　龙门造像题记 / 639
图 632　龙门造像题记 / 650
图 634　龙门造像题记 / 663
图 635　龙门造像题记 / 625
图 636　龙门造像题记 / 628
图 637　龙门造像题记 / 670
图 638　龙门造像题记 / 685
图 639　龙门造像题记 / 682
图 640　龙门造像题记 / 680
图 641　龙门造像题记 / 683
图 642　龙门造像题记 / 679
图 643　龙门造像题记 / 683
图 644　龙门造像题记 / 681
图 645　龙门造像题记 / 684

图 646　龙门造像题记 / 679
图 647　龙门造像题记 / 673
图 648　龙门造像题记 / 674
图 649　龙门造像题记 / 675
图 650　龙门造像题记 / 671
图 651　龙门造像题记 / 680
图 652　龙门造像题记 / 624
图 653　龙门造像题记 / 627
图 654　龙门造像题记 / 631
图 655　龙门造像题记 / 623
图 656　刻在宾阳洞前的伊阙佛龛碑（刻于 641 年）铭文 / 447
图 657　龙门造像题记 / 588
图 658　龙门造像题记 / 590
图 659　龙门造像题记 / 600
图 660　龙门造像题记 / 585
图 661　龙门造像题记 / 598
图 662　龙门造像题记 / 604
图 663　龙门造像题记 / 604
图 664　龙门造像题记 / 599
图 665　龙门造像题记 / 584
图 666　龙门造像题记 / 603
图 667　龙门造像题记 / 586
图 668　龙门造像题记 / 602
图 669　龙门造像题记 / 608
图 670　龙门造像题记 / 589
图 671　龙门造像题记 / 606
图 672　龙门造像题记 / 602
图 673　龙门造像题记 / 587
图 674　龙门造像题记 / 601
图 675　龙门造像题记　/ 592
图 676　似为木刻版题记拓片，但出处不详，内容与图 675 题记近似 / 591
图 677　龙门造像题记 / 611
图 678　龙门造像题记 / 612
图 679　龙门造像题记 / 613
图 680　龙门造像题记 / 563
图 681　龙门造像题记 / 613
图 682　龙门造像题记 / 614
图 683　龙门造像题记 / 615
图 684　龙门造像题记 / 554
图 685　龙门造像题记 / 566
图 686　龙门造像题记 / 558
图 687　龙门造像题记 / 552
图 688　龙门造像题记 / 559
图 689　龙门造像题记 / 560
图 690　龙门造像题记 / 553
图 691　龙门造像题记 / 554
图 692　龙门造像题记 / 551

| | | |
|---|---|---|
| 图 693 | 龙门造像题记 / 560 |
| 图 694 | 龙门造像题记 / 567 |
| 图 695 | 龙门造像题记 / 556 |
| 图 696 | 龙门造像题记 / 567 |
| 图 697 | 龙门造像题记 / 562 |
| 图 698 | 龙门造像题记 / 557 |
| 图 699 | 龙门造像题记 / 552 |
| 图 700 | 龙门造像题记 / 565 |
| 图 701 | 龙门造像题记 / 541 |
| 图 702 | 龙门造像题记 / 829 |
| 图 703 | 龙门造像题记 / 526 |
| 图 704 | 龙门造像题记 / 540 |
| 图 705 | 龙门造像题记 / 526 |
| 图 706 | 龙门造像题记 / 521 |
| 图 707 | 龙门造像题记 / 522 |
| 图 708 | 龙门造像题记 / 524 |
| 图 709 | 龙门造像题记 / 523 |
| 图 710 | 龙门造像题记 / 543 |
| 图 711 | 龙门造像题记 / 538 |
| 图 712 | 龙门造像题记 / 519 |
| 图 713 | 龙门造像题记 / 525 |
| 图 714 | 龙门造像题记 / 520 |
| 图 715 | 龙门造像题记 / 523 |
| 图 716 | 龙门造像题记 / 511 |
| 图 717 | 龙门造像题记 / 544 |
| 图 718 | 龙门造像题记 / 507 |
| 图 719 | 龙门造像题记 / 510 |
| 图 720 | 龙门造像题记 / 499 |
| 图 721 | 龙门造像题记 / 503 |
| 图 722 | 龙门造像题记 / 508 |
| 图 723 | 龙门造像题记 / 512 |
| 图 724 | 龙门造像题记 / 531 |
| 图 725 | 龙门造像题记 / 532 |
| 图 726 | 龙门造像题记 / 502 |
| 图 727 | 龙门造像题记 / 501 |
| 图 728 | 龙门造像题记 / 500 |
| 图 729 | 龙门造像题记 / 500 |
| 图 730 | 龙门造像题记 / 490 |
| 图 731 | 龙门造像题记 / 493 |
| 图 732 | 龙门造像题记 / 490 |
| 图 733 | 龙门造像题记 / 489 |
| 图 734 | 龙门造像题记 / 492 |
| 图 735 | 龙门造像题记 / 492 |
| 图 736 | 龙门造像题记 / 487 |
| 图 737 | 龙门造像题记 / 494 |
| 图 738 | 龙门造像题记 / 494 |
| 图 739 | 龙门造像题记 / 468 |
| 图 740 | 龙门造像题记 / 472 |
| 图 741 | 龙门造像题记 / 475 |
| 图 742 | 龙门造像题记 / 463 |
| 图 743 | 龙门造像题记 / 474 |
| 图 744 | 龙门造像题记 / 467 |
| 图 745 | 龙门造像题记 / 469 |
| 图 746 | 龙门造像题记 / 476 |
| 图 747 | 龙门造像题记 / 479 |
| 图 748 | 巩县石窟寺造像题记 / 852 |
| 图 749 | 巩县石窟寺造像题记 / 855 |
| 图 750 | 巩县石窟寺造像题记 / 854 |
| 图 751 | 巩县石窟寺造像题记 / 856 |
| 图 752 | 巩县石窟寺造像题记 / 859 |
| 图 753 | / 863 |
| 图 754 | 巩县石窟寺造像题记 / 858 |
| 图 755 | 刻于 165 年碑铭的复制品，碑铭标题为"西岳华山庙碑" / 992 |
| 图 756 | 大智禅师碑（刻于 736 年）边框饰图案 / 993 |
| 图 757 | 碧落碑（刻于 670 年）铭文 / 994 |
| 图 758 | 石碑的边框饰图案 / 993 |
| 图 759 | 碧落碑（图 757）之 870 年抄本，837 年李汉评注 / 995 |
| 图 760 | 道因法师碑（刻于 663 年）边框饰图案 / 996 |
| 图 761 | 武则天书升仙太子碑（刻于 699 年）铭文 / 997 |
| 图 762 | 图 761 背面铭文 / 996 |
| 图 763 | 刻于 744 年的嵩阳观纪铭文 / 998 |
| 图 764 | 唐代石刻经典古籍（刻于 837 年）——《易经》（1）/ 1000 |
| 图 765 | 唐代石刻经典古籍（刻于 837 年）——《易经》（2）/ 1002 |
| 图 766 | 唐代石刻经典古籍（刻于 837 年）——《易经》（3）/ 1004 |
| 图 767 | 唐代石刻经典古籍（刻于 837 年）——《诗经》（1）/ 1005 |
| 图 768 | 唐代石刻经典古籍（刻于 837 年）——《诗经》（2）/ 1006 |
| 图 769 | 唐代石刻经典古籍（刻于 837 年）——《诗经》（3）/ 1008 |
| 图 770 | 唐代石刻经典古籍（刻于 837 年）——《诗经》（4）/ 1010 |
| 图 771 | 唐代石刻经典古籍（刻于 837 年）——《诗经》（5）/ 1012 |
| 图 772 | 唐代石刻经典古籍（刻于 837 年）——《书经》（1）/ 1014 |
| 图 773 | 唐代石刻经典古籍（刻于 837 年）——《书经》（2）/ 1016 |
| 图 774 | 唐代石刻经典古籍（刻于 837 年）——《书经》（3）/ 1018 |

| | | | |
|---|---|---|---|
| 图775 | 唐代石刻经典古籍（刻于837年）——《论语》（1）／1020 | 图816 | 山海关孟姜女庙／1050 |
| 图776 | 唐代石刻经典古籍（刻于837年）——《论语》（2）／1022 | 图817 | 流经直隶省的大运河／1052 |
| | | 图818 | 流经直隶省的大运河／1052 |
| 图777 | 唐代石刻经典古籍（刻于837年）——《尔雅》（1）／1024 | 图819 | 在齐河县渡黄河／1053 |
| | | 图820 | 在齐河县渡黄河／1053 |
| 图778 | 唐代石刻经典古籍（刻于837年）——《尔雅》（2）／1026 | 图821 | 李鸿章祠堂／1054 |
| | | 图822 | 千佛山脚下的墓地／1054 |
| 图779 | 奉天，从南城墙上俯瞰城市／1028 | 图823 | 玉清宫庭院／1055 |
| 图780 | 奉天城北的天宁寺／1028 | 图824 | 长清县东部，南沙河上的石桥／1055 |
| 图781 | 位于奉天城北的清昭陵，清太宗（1627—1643年在位）陵墓：碑亭及神道／1030 | 图825 | 翟家庄外围的城墙／1056 |
| | | 图826 | 孝里铺：铸于1296年的铁佛像／1056 |
| 图782 | 位于奉天城北的清昭陵，清太宗（1627—1643年在位）陵墓：碑亭及神道／1030 | 图827 | 孝堂山／1057 |
| | | 图828 | 孝堂山脚下的碧霞元君祠（建于1635年）／1057 |
| 图783 | 清昭陵：陵墓外的石牌坊／1031 | 图829 | 灵岩寺塔林／1058 |
| 图784 | 清昭陵：神道旁的一尊神兽像／1031 | 图830 | 灵岩寺塔林／1058 |
| 图785 | 清昭陵：大正殿／1031 | 图831 | 灵岩寺中的佛塔／1059 |
| 图786 | 清昭陵：龙恩殿／1031 | 图832 | 灵岩寺：被玄奘祝福过的侧柏／1060 |
| 图787 | 清昭陵：碑亭的背面／1032 | 图833 | 灵岩寺外景／1061 |
| 图788 | 清昭陵：正院／1032 | 图834 | 汶河／1061 |
| 图789 | 清昭陵：从东墙上看正院／1033 | 图835 | 泗河／1062 |
| 图790 | 清永陵：清朝皇帝祖陵，位于兴京府西北／1033 | 图836 | 曲阜县颜子庙外栏杆／1062 |
| | | 图837 | 曲阜县城北第一座牌楼／1064 |
| 图791 | 清永陵：墓冢／1034 | 图838 | 万古长春牌坊／1064 |
| 图792 | 清永陵：墓冢及古树／1034 | 图839 | 万古长春牌坊／1065 |
| 图793 | 新宾铺的伐木工人／1035 | 图840 | 至圣林牌坊／1065 |
| 图794 | 通化县北浑河上游／1035 | 图841 | 享殿前的甬道／1066 |
| 图795 | 浑河上游的林木开采业／1036 | 图842 | 神兽雕像／1067 |
| 图796 | 浑河上游的林木开采业／1036 | 图843 | 神兽雕像／1066 |
| 图797 | 从四道江和六道沟之间涉水过河／1037 | 图844 | 石人雕像／1068 |
| 图798 | 老岭关口顶峰／1037 | 图845 | 洙水河上的石桥／1068 |
| 图799 | 高句丽古迹将军墓：南面／1040 | 图846 | 洙水河／1069 |
| 图800 | 高句丽古迹将军墓：南面西端／1041 | 图847 | 孔子孙子孔伋墓／1069 |
| 图801 | 将军墓：东面／1040 | 图848 | 孔子儿子孔鲤墓／1070 |
| 图802 | 将军墓：东北角／1042 | 图849 | 孔子墓／1071 |
| 图803 | 将军墓：西南角／1042 | 图850 | 孔庙：奎文阁西南角／1072 |
| 图804 | 将军墓东侧近乎坍塌的金字塔室／1043 | 图851 | 孔子弟子颜子画像／1073 |
| 图805 | 金字塔北侧／1043 | 图852 | 玄秘塔碑边饰（刻于841年）／1074 |
| 图806 | 将军墓及墓东侧近乎坍塌的金字塔／1044 | 图853 | 据说由颜子亲手种植的柏树／1075 |
| 图807 | 山城子墓区东侧的墓地峡谷／1044 | 图854 | 正殿东南角／1076 |
| 图808 | 安县洞沟古墓群中的一座积石墓／1045 | 图855 | 在孔庙祭孔时所用的器皿／1077 |
| 图809 | 位于太王陵西北方的一座坍塌的墓冢／1045 | 图856 | 在孔庙祭孔时所用的器皿／1077 |
| | | 图857 | 在孔庙祭孔时所用的器皿／1077 |
| 图810 | 太王陵（东南角）／1046 | 图858 | 在孔庙祭孔时所用的器皿／1078 |
| 图811 | 好太王碑：东面／1047 | 图859 | 在孔庙祭孔时所用的器皿／1078 |
| 图812 | 好太王碑：南面／1048 | 图860 | 在孔庙祭孔时所用的器皿／1078 |
| 图813 | 好太王碑：北面／1049 | 图861 | 在孔庙祭孔时所用的器皿／1079 |
| 图814 | 从鸭绿江畔看洞沟平原／1050 | 图862 | 在孔庙祭孔时所用的器皿／1079 |
| 图815 | 朝鲜族人聚居地的护路神／1051 | 图863 | 在孔庙祭孔时所用的器皿／1080 |

| | | | | |
|---|---|---|---|---|
| 图 864 | 在孔庙祭孔时所用的器皿 / 1080 | | 图 904 | 邹县：孟母三迁祠牌坊 / 1111 |
| 图 865 | 民俗画孔林图 / 1081 | | 图 905 | 济宁州街景 / 1111 |
| 图 866 | 民俗画孔子及其七十二弟子图 / 1082 | | 图 906 | 济宁州：火星宫 / 1112 |
| 图 867 | 民俗画孔庙图 / 1083 | | 图 907 | 济宁州：文庙外大门 / 1112 |
| 图 868 | 1500—1504 年间重建的孔庙图序 / 1084 | | 图 908 | 嘉祥县：孟山 / 1114 |
| 图 869 | 刻于 1095 年的石刻画，依照吴道子所绘孔子及其弟子图刻制 / 1085 | | 图 909 | 嘉祥县：城内的一座牌坊 / 1113 |
| 图 870 | 孔子：石刻画像，依照吴道子所绘图像刻制，现存孔庙内 / 1086 | | 图 910 | 济宁州：文庙正殿 / 1116 |
| | | | 图 911 | 金乡县：汉代朱鲔墓（石屋）/ 1116 |
| 图 871 | 孔子及颜子画像，刻于 1118 年，依照吴道子或顾恺之所绘图像刻制 / 1087 | | 图 912 | 金乡县：汉代朱鲔墓（石屋）/ 1117 |
| | | | 图 913 | 金乡县：汉代朱鲔墓（石屋）/ 1117 |
| 图 872 | 孔子及颜子像，刻于 1563 年（现存西安府碑林）/ 1088 | | 图 914 | 豫东的牛车 / 1118 |
| | | | 图 915 | 归德府近郊 / 1118 |
| 图 873 | 孔子画像，1734 年刻于石碑上（现存西安府碑林）/ 1089 | | 图 916 | 归德府街景 / 1119 |
| | | | 图 917 | 归德府街景 / 1119 |
| 图 874 | 孔子画像，依照吴道子所绘图像刻制（现存曲阜孔庙）/ 1090 | | 图 918 | 艮岳园林中的道观 / 1122 |
| | | | 图 919 | 艮岳园林中的玉皇大帝殿 / 1124 |
| 图 875 | 隆阐法师碑（刻于 734 年）边饰图案 / 1091 | | 图 920 | 位于城外东南方的相国寺 / 1125 |
| | | | 图 921 | 位于城外东南方的相国寺 / 1126 |
| 图 876 | 大智禅师碑（刻于 736 年）边饰图案（见图 756）/ 1091 | | 图 922 | 建于 1383 年的铁塔 / 1127 |
| | | | 图 923 | 建于 1383 年的铁塔 / 1128 |
| 图 877 | 牌楼 / 1092 | | 图 924 | 塔外通体砌褐色琉璃砖 / 1129 |
| 图 878 | 牌楼的基座之一 / 1093 | | 图 925 | 国相寺外部装饰 / 1130 |
| 图 879 | 孔庙外阙里牌坊 / 1094 | | 图 926 | 鼓楼 / 1131 |
| 图 880 | 奎文阁前院当中竖立的巨大石碑 / 1096 | | 图 927 | 文庙里的半月形水池 / 1131 |
| 图 881 | 太和元气坊 / 1097 | | 图 928 | 东岳庙 / 1132 |
| 图 882 | 至圣庙坊 / 1097 | | 图 929 | 二曾祠中的小亭子 / 1132 |
| 图 883 | 碧水桥 / 1098 | | 图 930 | 二曾祠 / 1133 |
| 图 884 | 同文门 / 1098 | | 图 931 | 二曾祠 / 1133 |
| 图 885 | 大成殿东南角 / 1099 | | 图 932 | 曾国荃（1824—1890）画像 / 1134 |
| 图 886 | 大成殿擎檐石柱 / 1100 | | 图 933 | 曾国藩（1811—1872）画像 / 1135 |
| 图 887 | 大成殿前露台滴水龙头 / 1101 | | 图 934 | 犹太教堂遗址 / 1136 |
| 图 888 | 据说由孔子亲手种下的大树 / 1102 | | 图 935 | 犹太人石碑（刻于 1679 年）/ 1137 |
| 图 889 | 杏坛 / 1103 | | 图 936 | 犹太人石碑，正面碑铭刻于 1489 年，反面碑铭刻于 1510 年 / 1138 |
| 图 890 | 乐室 / 1103 | | | |
| 图 891 | 孔子井 / 1104 | | 图 937 | 行宫内的亭子 / 1139 |
| 图 892 | 位于曲阜县城东北的少昊陵，又称中国金字塔 / 1104 | | 图 938 | 大相国寺：大雄宝殿 / 1140 |
| | | | 图 939 | 大相国寺：藏经楼 / 1140 |
| 图 893 | 少昊墓金字塔塔顶 / 1105 | | 图 940 | 大相国寺：八角琉璃殿 / 1141 |
| 图 894 | 备车从曲阜县出发去邹县 / 1106 | | 图 941 | 泗水县附近的黄土岭景色 / 1141 |
| 图 895 | 曲阜县与邹县之间的山区 / 1106 | | 图 942 | 永昭陵（见图 482）/ 1142 |
| 图 896 | 邹县北部的山岩 / 1107 | | 图 943 | 永昭陵西侧的皇家陵墓（见图 501）/ 1142 |
| 图 897 | 孟子庙正殿 / 1107 | | 图 944 | 白马寺塔附近的一座佛塔（建于 1731 年）/ 1143 |
| 图 898 | 孟子庙正殿 / 1108 | | | |
| 图 899 | 寝殿：祭祀孟子夫人的专祠 / 1108 | | 图 945 | 白马寺塔 / 1144 |
| 图 900 | 孟子庙棂星门 / 1109 | | 图 946 | 河南府东面的白马寺 / 1145 |
| 图 901 | 孟子庙庭院景色 / 1109 | | 图 947 | 河南府街景 / 1146 |
| 图 902 | 邹县：城南门 / 1110 | | 图 948 | 孔子入周问礼处碑 / 1146 |
| 图 903 | 邹县：城西门 / 1110 | | 图 949 | 河南府：魁星楼 / 1147 |
| | | | 图 950 | 迎恩寺中的佛龛：下为关帝像，上为弥勒佛像 / 1148 |

| 图 951 | 河南府南面的关帝庙 / 1149
| 图 952 | 河南府南面的关帝庙 / 1149
| 图 953 | 关帝庙前的牌坊 / 1150
| 图 954 | 关帝庙内的铸铁狮子（铸于1597年）/ 1151
| 图 955 | 从潜溪寺望台上看到的龙门伊阙 / 430
| 图 956 | 龙门伊河右岸的香山寺 / 431
| 图 957 | 龙门伊河左岸石窟全景图 / 424
| 图 958 | 建在龙门岩壁里的墓冢 / 550
| 图 959 | 龙门伊河右岸 / 804
| 图 960 | 龙门伊河右岸的看经寺 / 805
| 图 961 | 龙门煤窑从井下抽污水 / 1152
| 图 962 | 白马寺内的佛像石柱 / 1153
| 图 963 | 洛河左岸，巩县至河南府一带 / 1154
| 图 964 | 洛河左岸，巩县至河南府一带 / 1155
| 图 965 | 登封县北中岳嵩山全景图 / 804
| 图 966 | 中岳庙（建于1196—1200年间）全景图 / 1156
| 图 967 | 刻于822年的石碑边框装饰 / 1157
| 图 968 | 四尊铁人铸像（铸于1213年）/ 1158
| 图 969 | 铁人铸像单尊像 / 1159
| 图 970 | 铁人铸像单尊像 / 1160
| 图 971 | 铁人铸像单尊像 / 1161
| 图 972 | 铁人铸像单尊像 / 1162
| 图 973 | 登封县中岳庙：崇圣门 / 1163
| 图 974 | 登封县中岳庙：峻极门 / 1163
| 图 975 | 登封县中岳庙：四岳殿台之两岳殿台 / 1164
| 图 976 | 登封县中岳庙：四岳殿台之两岳殿台 / 1164
| 图 977 | 庙宇建筑 / 1165
| 图 978 | 庙宇建筑 / 1165
| 图 979 | 庙宇建筑 / 1166
| 图 980 | 庙宇建筑 / 1166
| 图 981 | 表现少林寺武僧习武的绘画 / 1167
| 图 982 | 表现少林寺武僧习武的绘画 / 1167
| 图 983 | 少林寺：刻印着菩提达摩像的巨石 / 1168
| 图 984 | 少林寺：1409年雕制的佛像 / 1169
| 图 985 | 菩提达摩像（现存灵岩寺）/ 1170
| 图 986 | 菩提达摩像（现存少林寺）/ 1171
| 图 987 | 菩提达摩画像 / 1172
| 图 988 | 菩提达摩画像 / 1173
| 图 989 | 菩提达摩画像 / 1174
| 图 990 | 菩提达摩画像 / 1175
| 图 991 | 菩提达摩画像 / 1176
| 图 992 | 菩提达摩画像 / 1177
| 图 993 | 佛、道、儒三教圣像图（现存少林寺）/ 1178
| 图 994 | 佛、道、儒三教圣像图（现存少林寺）/ 1179
| 图 995 | 少林寺二祖慧柯像 / 1180
| 图 996 | 少林寺二祖慧柯像 / 1181
| 图 997 | 释迦如来双迹灵相图（现存少林寺）/ 1182

| 图 998 | 河南府西面的石桥 / 1183
| 图 999 | 灵宝县城墙 / 1183
| 图 1000 | 灵宝县城墙 / 1184
| 图 1001 | 灵宝县城墙 / 1184
| 图 1002 | 函谷关 / 1185
| 图 1003 | 华岳庙（西岳庙）：第四进院 / 1186
| 图 1004 | 华岳庙：第五进院 / 1186
| 图 1005 | 华岳庙：第三进院内的铸铁香炉 / 1188
| 图 1005 乙 | 华岳庙全景图 / 1187
| 图 1006 | 刻于767年石碑的边框装饰 / 1189
| 图 1007 | 刻于965年石碑的边框装饰 / 1189
| 图 1008 | 西岳华山全景图（绘于1700年）/ 1190
| 图 1009 | 华岳庙：万寿阁 / 1191
| 图 1010 | 霸河长桥 / 1192
| 图 1011 | 泸河古桥 / 1192
| 图 1012 | 837年刻在石碑上的经典古籍（现存西安府碑林）/ 1194
| 图 1013 | 都城隍庙中的水池 / 1195
| 图 1014 | 人手迹石 / 1196
| 图 1015 | 迎祥观 / 1197
| 图 1016 | 金胜寺外大门 / 1198
| 图 1017 | 石碑群，右侧第二碑为景教碑 / 1198
| 图 1018 | 刻于781年的景教碑 / 1199
| 图 1019 | 西郊小镇西门 / 1200
| 图 1020 | 清真大寺 / 1200
| 图 1021 | 清真大寺 / 1201
| 图 1022 | 清真大寺 / 1201
| 图 1023 | 文庙 / 1202
| 图 1024 | 大雁塔（大慈恩寺）/ 1204
| 图 1025 | 小雁塔（荐福寺）/ 1205
| 图 1026 | 勒赐礼拜寺对面的清真寺 / 1206
| 图 1027 | 勒赐礼拜寺内的亭子 / 1207
| 图 1028 | 线刻画"红苗归化图"（大慈恩寺内）/ 1208
| 图 1029 | 大慈恩寺：大雁塔前景色 / 1209
| 图 1030 | 潘台衙门外大门 / 1209
| 图 1031 | 西安府西大门 / 1210
| 图 1032 | 线刻画"黑番投诚图"（大慈恩寺内）/ 1203
| 图 1033 | 牌楼 / 1210
| 图 1034 | 渭河上的运煤船 / 1211
| 图 1035 | 泊在咸阳的运煤船 / 1211
| 图 1036 | 咸阳县内主街道 / 1212
| 图 1037 | 咸阳县北文王陵 / 1213
| 图 1038 | 北杜镇铁塔 / 1214
| 图 1039 | 乾州：城隍庙内景 / 1213
| 图 1040 | 三原县东面的石桥 / 1215
| 图 1041 | 被迫在渭河边逗留26小时 / 1215
| 图 1042 | 合阳县东的景色 / 1216
| 图 1043 | 合阳县东的景色 / 1216
| 图 1044 | 合阳县与韩城县之间的牌坊 / 1217
| 图 1045 | 山西河津县西面的风水碑 / 1217

| 图 1046 | 风水碑 / 1218 |
| 图 1047 | 位于韩城县南芝川镇的司马迁祠 / 1220 |
| 图 1048 | 司马迁祠全景 / 1221 |
| 图 1049 | 前往司马迁祠经过的第一座牌坊 / 1222 |
| 图 1050 | 第二座牌坊 / 1223 |
| 图 1051 | 第三座牌坊 / 1224 |
| 图 1052 | 通往司马迁砖石台阶的起点 / 1225 |
| 图 1053 | 砖石台阶中段 / 1226 |
| 图 1054 | 砖石台阶的终点 / 1227 |
| 图 1055 | 司马迁墓 / 1228 |
| 图 1056 | 司马迁祠 / 1229 |
| 图 1057 | 芝川镇与韩城县之间的寺庙 / 1229 |
| 图 1058 | 韩城县北，去往陕西龙门的路上 / 1230 |
| 图 1059 | 龙门下游黄河右岸 / 1230 |
| 图 1060 | 龙门两山之间的小岛 / 1231 |
| 图 1061 | 黄河龙门左岸 / 1231 |
| 图 1062 | 黄河龙门左岸 / 1232 |
| 图 1063 | 龙门小岛寺庙内的五彩琉璃影壁 / 1233 |
| 图 1064 | 陕西龙门全景图（刻于 1874 年）/ 1234 |
| 图 1065 | 石碑边框装饰 / 1235 |
| 图 1066 | 山西绛州城墙外景 / 1236 |
| 图 1067 | 汾河谷 / 1236 |
| 图 1068 | 平阳府南面的尧帝庙 / 1237 |
| 图 1069 | 洪洞县城南小桥 / 1237 |
| 图 1070 | 仁义镇 / 1238 |
| 图 1071 | 离开仁义镇走在山坡路上 / 1238 |
| 图 1072 | 离开仁义镇走到山坡顶上 / 1239 |
| 图 1073 | 翻越韩侯岭前的关帝庙 / 1239 |
| 图 1074 | 越过韩侯岭后来到山脚下 / 1240 |
| 图 1075 | 汾河岸边 / 1240 |
| 图 1076 | 穿过灵石县后看到的景色 / 1241 |
| 图 1077 | 穿过灵石县后看到的景色 / 1242 |
| 图 1078 | 抵达介休县前道路左侧风景 / 1243 |
| 图 1079 | 路边的瞭望台 / 1243 |
| 图 1080 | 平遥县牌坊 / 1244 |
| 图 1081 | 太原府西南面的永祚寺双塔 / 1246 |
| 图 1082 | 抵达太原府 / 1247 |
| 图 1083 | 太原府大南门 / 1248 |
| 图 1084 | 1900 年被杀害的传教士纪念碑 / 1249 |
| 图 1085 | 位于太原府东南角的小五台庙 / 1250 |
| 图 1086 | 小五台庙外景 / 1251 |
| 图 1087 | 九仙桥 / 1251 |
| 图 1088 | 城隍庙外大门 / 1252 |
| 图 1089 | 城隍庙正殿 / 1252 |
| 图 1090 | 太原府内的牌楼 / 1253 |
| 图 1091 | 太原府内的牌楼 / 1253 |
| 图 1092 | 太原府与忻州之间的石岭关 / 1254 |
| 图 1093 | 石岭关端界 / 1254 |
| 图 1094 | 忻州最南端界所（见图 1152）/ 1255 |
| 图 1095 | 墓冢旁的墓碑 / 1256 |
| 图 1096 | 定襄县城东北的一座坟墓 / 1257 |
| 图 1097 | 定襄县城东北的墓地 / 1257 |
| 图 1098 | 五台县城西大门 / 1258 |
| 图 1099 | 清凉石寺：清凉石 / 1260 |
| 图 1100 | 金阁寺 / 1260 |
| 图 1101 | 中央平台前的景色 / 1261 |
| 图 1102 | 中央平台周围的寺庙建筑群 / 1261 |
| 图 1103 | 显通寺：正殿 / 1262 |
| 图 1104 | 显通寺：无量殿 / 1262 |
| 图 1105 | 显通寺：寺内平台上竖立着五座小铜塔和鎏金铜殿 / 1263 |
| 图 1106 | 显通寺：五座鎏金小铜塔之一（建于 1602 年）/ 1264 |
| 图 1107 | 清凉石寺（见图 1099）：五座鎏金小铜塔之一（建于 1606 年）/ 1265 |
| 图 1108 | 显通寺：五座鎏金小铜塔之一 / 1266 |
| 图 1109 | 显通寺：五座鎏金小铜塔之一 / 1267 |
| 图 1110 | 显通寺：鎏金铜殿南面（建于 1630 年）/ 1268 |
| 图 1111 | 大圆照寺 / 1268 |
| 图 1112 | 真容院 / 1269 |
| 图 1113 | 文殊寺 / 1269 |
| 图 1114 | 竹林寺 / 1270 |
| 图 1115 | 竹林寺外的墓冢 / 1271 |
| 图 1116 | 圆果寺 / 1272 |
| 图 1117 | 天宁寺中的佛塔 / 1273 |
| 图 1118 | 前往雁门关的路上 / 1274 |
| 图 1119 | 雁门关 / 1274 |
| 图 1120 | 村庄的南大门 / 1275 |
| 图 1121 | 大同府城墙外景 / 1278 |
| 图 1122 | 大同府城墙外景 / 1278 |
| 图 1123 | 大同府街道 / 1279 |
| 图 1124 | 大同府街道 / 1279 |
| 图 1125 | 大同府街道 / 1280 |
| 图 1126 | 鼓楼 / 1281 |
| 图 1127 | 四平楼 / 1282 |
| 图 1128 | 朱衣阁 / 1283 |
| 图 1129 | 魁星楼 / 1284 |
| 图 1130 | 药王庙 / 1285 |
| 图 1131 | 文庙外大门 / 1285 |
| 图 1132 | 城内的五彩琉璃龙壁 / 1286 |
| 图 1133 | 在前往云冈的路上：观音堂前的五彩琉璃龙壁 / 1286 |
| 图 1134 | 在前往云冈的路上：观音堂 / 1287 |
| 图 1135 | 云冈村 / 1287 |
| 图 1136 | 云冈石佛寺内院（见图 200—201）/ 1288 |
| 图 1137 | 雕在云冈岩壁上的佛像 / 1288 |
| 图 1138 | 主街道 / 1289 |

图 1139　昭化寺 / 1289
图 1140　昭化寺内的佛塔 / 1290
图 1141　钟楼 / 1291
图 1142　云台（建于 1345 年）南面 / 1292
图 1143　云台西壁南侧 / 1293
图 1144　西方广目天王 / 1294
图 1145　北方多闻天王 / 1295
图 1146　东方持国天王 / 1296
图 1147　南方增长天王 / 1297
图 1148　砖石牌坊（河南省）/ 1298
图 1149　砖石牌坊（河南省）/ 1299
图 1150　砖石牌坊（山西省）/ 1300
图 1151　墓碑（山西省）/ 1301
图 1152　立于山西忻州南的界碑（见图 1094）/ 1302
图 1153　山东邹县的纪念碑 / 1303
图 1154　墓碑（山西定襄县）/ 1304
图 1155　墓碑（山西定襄县）/ 1305
图 1156　墓碑（山西灵石县）/ 1306
图 1157　墓碑（山西定襄县）/ 1307
图 1158　瞭望台（山西）/ 1307
图 1159　圣树（山西天镇县西）/ 1308
图 1160　太原府衙门前的影壁 / 1309
图 1161　五台县某村内的影壁 / 1310
图 1162　山东翟家庄内的影壁（建于1714年）/ 1311
图 1163　奉天天后宫内的陶土浮雕画 / 1312
图 1164　山西北徐屯寺庙里的壁画 / 1313
图 1165　山西北徐屯寺庙里的壁画 / 1313
图 1166　山西北徐屯寺庙里的壁画 / 1314
图 1167　玄武帝塑像（山西北部地区）/ 1314
图 1168　山西北徐屯寺庙里的壁画：女神、五龙王和雨神（见图 1175）/ 1315
图 1169　图 1168 左侧的壁画：湖神 / 1315
图 1170　玄武大帝的弟子（图1167左侧塑像）/ 1316
图 1171　玄武大帝的弟子（图1167右侧塑像）/ 1316
图 1172　财神爷（大同府）/ 1317
图 1173　图 1168 右侧的壁画：骏马王 / 1317
图 1174　山西五台县东北某村内表现当地大仙的壁画 / 1318
图 1175　山西五台县东北某村内表现女神、五龙王及雨神的壁画 / 1318
图 1176　寿星字谜图（河南龙门）/ 1319
图 1177　寿星图（山西华阴县华岳庙）/ 1320
图 1178　魁星字谜图（河南龙门）/ 1321
图 1179　魁星字谜图（西安碑林）/ 1322
图 1180 / 18
图 1181 / 18
图 1182 / 19
图 1183 / 19
图 1184 / 19
图 1185　依照关野贞拍摄的照片绘制 / 31
图 1186 / 48
图 1187 / 64
图 1188 / 65
图 1189 / 68
图 1190 / 69
图 1191 / 77
图 1192 / 208
图 1193 / 215
图 1194 / 220
图 1195 / 222
图 1196 / 224
图 1197　翻印自《金石索》，但原图版有一缺陷，怪兽的第八首被抹掉了 / 241
图 1198　翻印自《金石索》/ 259
图 1199　翻印自《金石索》/ 265
图 1200　翻印自《金石萃编》/ 271
图 1201　翻印自《金石索》/ 261
图 1202　翻印自《金石索》/ 267
图 1203　翻印自《金石索》/ 268
图 1204　翻印自《金石索》/ 269
图 1205　翻印自《金石索》/ 271
图 1206　翻印自《金石索》/ 278
图 1207 / 295
图 1208　翻印自《金石索》/ 300
图 1209　翻印自《金石索》/ 300
图 1210　翻印自《金石索》/ 317
图 1211　翻印自《金石索》/ 254
图 1212　翻印自《金石索》/ 254
图 1213　翻印自《金石索》/ 327
图 1214 / 126
图 1215 / 126
图 1216 / 135
图 1217　翻印自劳费尔先生收藏的一幅拓片 / 136
图 1218　翻印自《国粹学报》所刊载的拓片 / 162
图 1219 / 170
图 1220 / 170
图 1221 / 171
图 1222 / 171
图 1223 / 172
图 1224 / 173
图 1225 / 174
图 1226 / 174
图 1227 / 175
图 1228 / 175
图 1229 / 176
图 1230 / 176
图 1231 / 177

图 1232 / 177
图 1233 / 178
图 1234 / 178
图 1235 / 179
图 1236 / 179
图 1237 / 180
图 1238　翻印自沃佩尔先生拍摄的一张照片 / 181
图 1238 乙　翻印自赫伯特·穆勒先生拍摄的一张照片 / 182
图 1239 / 182
图 1240　翻印自沃佩尔先生拍摄的一张照片 / 183
图 1240 乙　翻印自赫伯特·穆勒先生拍摄的一张照片 / 183
图 1241 / 184
图 1241 乙　翻印自赫伯特·穆勒先生拍摄的一张照片 / 184
图 1242　翻印自汪涅克先生拍摄的一张照片 / 185
图 1243 / 186
图 1244 / 187
图 1245　翻印自沃佩尔先生拍摄的一张照片 / 187
图 1246 / 188
图 1247　翻印自赫伯特·穆勒先生拍摄的一张照片 / 189
图 1248　翻印自赫伯特·穆勒先生拍摄的一张照片 / 190
图 1249 / 190
图 1250　翻印自沃佩尔先生拍摄的一张照片 / 191
图 1251　翻印自沃佩尔先生拍摄的一张照片 / 191
图 1252 / 192
图 1252 乙　翻印自赫伯特·穆勒先生拍摄的一张照片 / 192
图 1253 / 193
图 1254 / 193
图 1255 / 194
图 1256 / 194
图 1257　翻印自赫伯特·穆勒先生拍摄的一张照片 / 195
图 1258　翻印自汪涅克先生拍摄的一张照片，照片对刻画人物作了修版处理 / 196
图 1259　翻印自汪涅克先生拍摄的一张照片 / 197
图 1260　翻印自汪涅克先生拍摄的一张照片 / 198
图 1261　翻印自汪涅克先生拍摄的一张照片 / 199
图 1262　翻印自汪涅克先生拍摄的一张照片 / 200
图 1263　翻印自汪涅克先生拍摄的一张照片 / 201
图 1264　翻印自汪涅克先生拍摄的一张照片 / 202
图 1265　翻印自劳费尔先生收藏的一幅拓片 / 203
图 1266　翻印自劳费尔先生收藏的一幅拓片 / 204
图 1267　翻印自劳费尔先生收藏的一幅拓片 / 204
图 1268　翻印自劳费尔先生收藏的一幅拓片 / 205
图 1269　翻印自《国华》杂志刊载的一幅图片 / 206
图 1270　翻印自《国华》杂志刊载的一幅图片 / 206
图 1271　依照保罗·马隆的画像石拓片所作临摹图 / 207
图 1272　翻印自沃尔希先生拍摄的一张照片 / 159
图 1273　翻印自沃尔希先生拍摄的一张照片 / 159
图 1274 / 446
图 1275 / 455
图 1276 / 456
图 1277 / 456
图 1278 / 456
图 1279 / 457
图 1280 / 457
图 1281 / 457
图 1282 / 458
图 1283 / 458
图 1284 / 464
图 1285 / 467
图 1286 / 468
图 1287 / 469
图 1288 / 468
图 1289 / 469
图 1290 / 470
图 1291 / 470
图 1292 / 470
图 1293 / 471
图 1294 / 471
图 1295 / 472
图 1296 / 473
图 1297 / 473
图 1298 / 473
图 1299 / 474
图 1300 / 474
图 1301 / 475
图 1302 / 475
图 1303 / 476
图 1304 / 476
图 1305 / 476
图 1306 / 477
图 1307 / 477
图 1308 / 477
图 1309 / 478
图 1310 / 478
图 1311 / 479
图 1312 / 479
图 1313 / 480
图 1314 / 480

| | | |
|---|---|---|
| 图 1315 / 480 | 图 1365 / 507 | 图 1415 / 533 |
| 图 1316 / 480 | 图 1366 / 507 | 图 1416 / 534 |
| 图 1317 / 481 | 图 1367 / 508 | 图 1417 / 534 |
| 图 1318 / 481 | 图 1368 / 508 | 图 1418 / 534 |
| 图 1319 / 481 | 图 1369 / 509 | 图 1419 / 535 |
| 图 1320 / 481 | 图 1370 / 509 | 图 1420 / 535 |
| 图 1321 / 482 | 图 1371 / 509 | 图 1421 / 535 |
| 图 1322 / 482 | 图 1372 / 509 | 图 1422 / 538 |
| 图 1323 / 482 | 图 1373 / 510 | 图 1423 / 539 |
| 图 1324 / 482 | 图 1374 / 510 | 图 1424 / 539 |
| 图 1325 / 483 | 图 1375 / 510 | 图 1425 / 539 |
| 图 1326 / 483 | 图 1376 / 511 | 图 1426 / 540 |
| 图 1327 / 483 | 图 1377 / 512 | 图 1427 / 541 |
| 图 1328 / 483 | 图 1378 / 512 | 图 1428 / 542 |
| 图 1329 / 484 | 图 1379 / 512 | 图 1429 / 542 |
| 图 1330 / 484 | 图 1380 / 513 | 图 1430 / 543 |
| 图 1331 / 484 | 图 1381 / 513 | 图 1431 / 544 |
| 图 1332 / 484 | 图 1382 / 513 | 图 1432 / 544 |
| 图 1333 / 488 | 图 1383 / 519 | 图 1433 / 551 |
| 图 1334 / 489 | 图 1384 / 520 | 图 1434 / 551 |
| 图 1335 / 489 | 图 1385 / 520 | 图 1435 / 552 |
| 图 1336 / 490 | 图 1386 / 520 | 图 1436 / 552 |
| 图 1337 龙门造像题记 / 490 | 图 1387 / 521 | 图 1437 / 553 |
| 图 1338 / 491 | 图 1388 / 521 | 图 1438 / 553 |
| 图 1339 / 491 | 图 1389 / 522 | 图 1439 / 553 |
| 图 1340 / 491 | 图 1390 / 522 | 图 1440 / 554 |
| 图 1341 / 492 | 图 1391 / 523 | 图 1441 / 554 |
| 图 1342 / 492 | 图 1392 / 523 | 图 1442 / 554 |
| 图 1343 / 492 | 图 1393 / 524 | 图 1443 / 555 |
| 图 1344 / 492 | 图 1394 / 524 | 图 1444 / 555 |
| 图 1345 / 493 | 图 1395 / 525 | 图 1445 / 555 |
| 图 1346 / 493 | 图 1396 / 525 | 图 1446 / 555 |
| 图 1347 / 493 | 图 1397 / 526 | 图 1447 / 556 |
| 图 1348 / 493 | 图 1398 / 526 | 图 1448 / 556 |
| 图 1349 / 493 | 图 1399 / 527 | 图 1449 / 556 |
| 图 1350 / 494 | 图 1400 / 527 | 图 1450 / 557 |
| 图 1351 / 494 | 图 1401 / 527 | 图 1451 / 558 |
| 图 1352 / 495 | 图 1402 / 528 | 图 1452 / 558 |
| 图 1353 / 495 | 图 1403 / 528 | 图 1453 / 559 |
| 图 1354 / 499 | 图 1404 / 528 | 图 1454 / 559 |
| 图 1355 / 500 | 图 1405 / 529 | 图 1455 / 559 |
| 图 1356 / 500 | 图 1406 / 529 | 图 1456 / 560 |
| 图 1357 / 501 | 图 1407 / 529 | 图 1457 / 560 |
| 图 1358 / 502 | 图 1408 / 530 | 图 1458 / 561 |
| 图 1359 / 501 | 图 1409 / 530 | 图 1459 / 561 |
| 图 1360 / 502 | 图 1410 / 530 | 图 1460 / 561 |
| 图 1361 / 502 | 图 1411 / 531 | 图 1461 / 562 |
| 图 1362 / 503 | 图 1412 / 532 | 图 1462 / 562 |
| 图 1363 / 503 | 图 1413 / 532 | 图 1463 / 563 |
| 图 1364 / 504 | 图 1414 / 532 | 图 1464 / 564 |

| 图 1465 / 564 | 图 1515 / 603 | 图 1565 / 645 |
| 图 1466 / 564 | 图 1516 / 603 | 图 1566 / 649 |
| 图 1467 / 564 | 图 1517 / 603 | 图 1567 / 650 |
| 图 1468 / 565 | 图 1518 / 604 | 图 1568 / 650 |
| 图 1469 / 565 | 图 1519 / 604 | 图 1569 / 652 |
| 图 1470 / 566 | 图 1520 / 605 | 图 1570 / 653 |
| 图 1471 / 566 | 图 1521 / 605 | 图 1571 / 653 |
| 图 1472 / 566 | 图 1522 / 605 | 图 1572 / 653 |
| 图 1473 / 567 | 图 1523 / 606 | 图 1573 / 654 |
| 图 1474 / 567 | 图 1524 / 606 | 图 1574 / 654 |
| 图 1475 / 568 | 图 1525 / 606 | 图 1575 / 654 |
| 图 1476 / 568 | 图 1526 / 606 | 图 1576 / 661 |
| 图 1477 / 568 | 图 1527 / 607 | 图 1577 / 663 |
| 图 1478 / 568 | 图 1528 / 607 | 图 1578 / 671 |
| 图 1479 / 568 | 图 1529 / 607 | 图 1579 / 671 |
| 图 1480 / 569 | 图 1530 / 607 | 图 1580 / 676 |
| 图 1481 / 569 | 图 1531 / 608 | 图 1581 / 678 |
| 图 1482 / 569 | 图 1532 / 608 | 图 1582 / 679 |
| 图 1483 / 569 | 图 1533 / 611 | 图 1583 / 679 |
| 图 1484 / 569 | 图 1534 / 612 | 图 1584 / 680 |
| 图 1485 / 570 | 图 1535 / 613 | 图 1585 / 680 |
| 图 1486 / 570 | 图 1536 / 613 | 图 1586 / 681 |
| 图 1487 / 570 | 图 1537 / 614 | 图 1587 / 681 |
| 图 1488 / 571 | 图 1538 / 614 | 图 1588 / 682 |
| 图 1489 / 571 | 图 1539 / 614 | 图 1589 / 682 |
| 图 1490 / 571 | 图 1540 / 614 | 图 1590 / 683 |
| 图 1491 / 572 | 图 1541 / 615 | 图 1591 / 683 |
| 图 1492 / 572 | 图 1542 / 623 | 图 1592 / 684 |
| 图 1493 / 572 | 图 1543 / 624 | 图 1593 / 684 |
| 图 1494 / 572 | 图 1544 / 625 | 图 1594 / 684 |
| 图 1495 / 573 | 图 1545 / 626 | 图 1595 / 685 |
| 图 1496 / 573 | 图 1546 / 626 | 图 1596 / 686 |
| 图 1497 / 573 | 图 1547 / 626 | 图 1597 / 718 |
| 图 1498 / 583 | 图 1548 / 627 | 图 1598 / 722 |
| 图 1499 / 584 | 图 1549 / 629 | 图 1599 / 719 |
| 图 1500 / 585 | 图 1550 / 631 | 图 1600 / 719 |
| 图 1501 / 586 | 图 1551 / 638 | 图 1601 / 720 |
| 图 1502 / 587 | 图 1552 / 639 | 图 1602 / 724 |
| 图 1503 / 588 | 图 1553 / 639 | 图 1603 / 724 |
| 图 1504 / 589 | 图 1554 / 640 | 图 1604 / 725 |
| 图 1505 / 589 | 图 1555 / 640 | 图 1605 / 726 |
| 图 1506 / 590 | 图 1556 / 641 | 图 1606 / 728 |
| 图 1507 / 593 | 图 1557 / 641 | 图 1607 / 729 |
| 图 1508 / 598 | 图 1558 / 641 | 图 1608 / 730 |
| 图 1509 / 599 | 图 1559 / 642 | 图 1609 / 731 |
| 图 1510 / 600 | 图 1560 / 642 | 图 1610 / 732 |
| 图 1511 / 600 | 图 1561 / 643 | 图 1611 / 733 |
| 图 1512 / 601 | 图 1562 / 643 | 图 1612 / 733 |
| 图 1513 / 602 | 图 1563 / 644 | 图 1613 / 734 |
| 图 1514 / 602 | 图 1564 / 645 | 图 1614 / 735 |

| | | |
|---|---|---|
| 图 1615 / 737 | 图 1664 / 776 | 图 1713 / 860 |
| 图 1616 / 739 | 图 1665 / 776 | 图 1714 / 861 |
| 图 1617 / 740 | 图 1666 / 778 | 图 1715 / 861 |
| 图 1618 / 741 | 图 1667 / 778 | 图 1716 / 862 |
| 图 1619 / 741 | 图 1668 / 779 | 图 1717 / 862 |
| 图 1620 / 742 | 图 1669 / 779 | 图 1718 / 862 |
| 图 1621 / 742 | 图 1670 / 780 | 图 1719 / 863 |
| 图 1622 / 743 | 图 1671 / 781 | 图 1720 / 866 |
| 图 1623 / 744 | 图 1672 / 781 | 图 1721 / 867 |
| 图 1624 / 745 | 图 1673 / 782 | 图 1722 / 867 |
| 图 1625 / 745 | 图 1674 / 782 | 图 1723 / 880 |
| 图 1626 / 746 | 图 1675 / 758 | 图 1724 / 880 |
| 图 1627 / 747 | 图 1676 / 765 | 图 1725 / 884 |
| 图 1628 / 748 | 图 1677 / 773 | 图 1726 / 888 |
| 图 1629 / 749 | 图 1678 / 755 | 图 1727 / 890 |
| 图 1630 / 750 | 图 1679 / 783 | 图 1728 / 891 |
| 图 1631 / 751 | 图 1680 / 783 | 图 1729 / 892 |
| 图 1632 / 751 | 图 1681 / 783 | 图 1730 / 892 |
| 图 1633 / 752 | 图 1682 / 784 | 图 1731　武后创制的字 / 830 |
| 图 1634 / 753 | 图 1683 / 784 | 图 1732 / 830 |
| 图 1635 / 753 | 图 1684 / 785 | 图 1733 / 830 |
| 图 1636 / 754 | 图 1685 / 785 | 图 1734 / 830 |
| 图 1637 / 755 | 图 1686 / 786 | 图 1735 / 831 |
| 图 1638 / 756 | 图 1687 / 786 | 图 1736 / 831 |
| 图 1639 / 756 | 图 1688 / 787 | 图 1737 / 832 |
| 图 1640 / 757 | 图 1689 / 787 | 图 1738 / 832 |
| 图 1641 / 757 | 图 1690 / 788 | 图 1739 / 802 |
| 图 1642 / 758 | 图 1691 / 788 | |
| 图 1643 / 760 | 图 1692 / 789 | |
| 图 1644 / 761 | 图 1693 / 789 | |
| 图 1645 / 761 | 图 1694 / 790 | |
| 图 1646 / 762 | 图 1695 / 792 | |
| 图 1647 / 763 | 图 1696 / 851 | |
| 图 1648 / 764 | 图 1697 / 852 | |
| 图 1649 / 765 | 图 1698 / 853 | |
| 图 1650 / 766 | 图 1699 / 853 | |
| 图 1651 / 766 | 图 1700 / 853 | |
| 图 1652 / 766 | 图 1701 / 854 | |
| 图 1653 / 767 | 图 1702 / 855 | |
| 图 1654 / 768 | 图 1703 / 856 | |
| 图 1655 / 769 | 图 1704 / 856 | |
| 图 1656 / 770 | 图 1705 / 857 | |
| 图 1657 / 771 | 图 1706 / 857 | |
| 图 1658 / 771 | 图 1707 / 858 | |
| 图 1659 / 772 | 图 1708 / 858 | |
| 图 1660 / 773 | 图 1709 / 859 | |
| 图 1661 / 774 | 图 1710 / 859 | |
| 图 1662 / 775 | 图 1711 / 860 | |
| 图 1663 / 775 | 图 1712 / 860 | |

# 译后记

1907年3月27日，法国著名汉学家埃玛纽埃尔-爱德华·沙畹（以下简称"沙畹"）离开巴黎，乘火车前往中国。火车穿越欧洲大陆，经西伯利亚进入中国，于4月14日抵达奉天，由此揭开沙畹在华从事考古活动的序幕。整个考古活动持续了将近7个月，直至1907年11月4日离开中国，沙畹考察了奉天的清朝皇家陵墓，又到鸭绿江畔观看了高句丽古迹，接着又马不蹄停地赶赴泰山、曲阜、开封、巩县、洛阳、登封，在对山东和河南两省做完详细的考古调查之后，沙畹来到陕西省，参观了西安府及唐代皇家陵墓，随后渡过黄河，进入山西省，用照片记录了当地的风土人情，并特意赶到芝川镇，拜谒了司马迁的陵墓，紧接着又去参观道教圣地五台山，最后来到大同府，前往云冈石窟考察。在返回北京之前，沙畹还在居庸关短暂停留，考察了那里的浮雕画和云台石刻经书。

沙畹将上述考古活动以文字及图片形式一一记录在本书当中，本书第一卷和第二卷主要描述了东汉三阙、孝堂山石祠和武梁祠墓碑及画像石，第三卷侧重于佛教雕刻，详细描述了云冈石窟和龙门石窟的佛像雕塑。不过，他仅仅把在山东和河南（再加上山西的云冈）两省的考古活动写成了详细的文字，其他地区的考察活动，如东北的高句丽古迹、西安府及唐朝皇家陵墓、奉天府及清朝皇家陵墓等则仅有照片，没有详细的文字报告。但从本书原文的标题来看，沙畹可能还有编写另外一两卷书的计划，但遗憾的是这一计划最终未能实现，原文标题永远停留为《华北考古记：第一卷，上下册》（Mission archéologique dans la Chine septentrionale）。

沙畹是近代践行考古实地考察的先驱，他对中国古代金石学家只注重通过收藏拓片、解释拓片来作考古研究提出批评，认为这种做法很不严谨，极易产生误解和错误。他的文字简洁、准确，译文非常优美，他所编译的法文版《史记》一直被视为汉译的经典作品。近代艺术史学家或考古学家在论述汉代石刻画时都会引用沙畹的文字，比如巫鸿的《武梁祠》一书、日本学者大村西崖的《中国雕塑史》都引用了沙畹的论述和图片。

用"痛并快乐着"来形容本书的翻译过程着实贴切。痛苦之一是作者采用的拼音系统是法国人自己编的，即法国远东学院汉语拼音，有时候为了查到与拼音相对应的汉字竟要花费两三个星期的时间；痛苦之二是作者引述了大量的中国古代文献，查到这些文献又是一个花时间、烧脑子的事情；痛苦之三是汉字博大精深，沙畹是用现代法语来讲述中国古代的往事，在翻译时就要去查阅有些词在当时是怎样表述的，比如在描述汉代一种汲水装置时，沙畹并没有给出装置的名称，只说那是一种汲水杠杆，我开始还以为是打水的轳辘，但总感觉轳辘的运作原理和杠杆联系不上，后来才查到这个装置名叫"桔槔"。再比如，椅子在汉代尚未问世，汉代人的坐姿是双膝着地，把臀部放在脚后跟上，沙畹在描述石刻画汉人的坐姿或跪姿时，都用法语"跪"这个词，就连秦始皇也"跪"在地上，如果真是这样翻译，也就体现不出古代中国等级森严的官阶制度了，因此所有高官的"跪"姿恐怕只有翻译成"踮坐"才是准确的。不过与痛苦相比，查不到资料的失落感更让人难过，当史料不全或古文献没有给出准确的解释时，我从字里行间中就能体会到沙畹的无奈。我曾尝试着去寻找相关的解释，却也无功而返，比如：沙畹想对图108里两位骑手肩上扛的物件作一番解释，但最终他还是放弃了——"这究竟是什么东西呢？这个连中国的金石学家都不知道，我们就更不知道了。"这个像是飞来器的物件成为了留给后代的一个谜。

在汉学研究方面，沙畹兴趣广泛，古汉语造诣极高，通过他对碑文所作的注释，我们可以看出他是带着一种批评家的眼光来看待古代碑文的，在翻译整理龙门石窟的造像题记时，他严格按照年代顺序来排列，让读者去体验几百年间造像题记的变化。沙畹对佛教非常感兴趣，除了研究法显等早期去印度取经的僧人所撰写的文字之外，他还特别热衷于译介佛教文学。凭借渊博的知识，他得以对各地区的文化渗透现象作出深刻的对比，他对云冈石窟佛像的细节描述让人佩服得五体投地——"这几尊雕像意义重大（图222和图225），在东面一侧，有一尊比真人略高大些的立像（图222和223），他抬起左手，抓住一把三叉戟，头上戴的帽子有双翼，右手臂搂着一个物件，因石壁风化脱落，很难看出是一个什么物件。带双翼的帽子显然是墨丘利的典型标志物，大家由此自然会联想到古希腊及古罗马艺术的影响。这个奇特的造像将墨丘利的双翼帽、涅普顿的三叉戟和巴克斯的双柄大酒杯汇集于一身，这也许只是后罗马时代诸神的一个代表。"没有丰富的历史知识的人是看不出这个细节的。

沙畹将此次考古活动所写的报告以及所拍摄的照片编纂成书。此书信息量非常大，它在西方不仅是一部里程碑式的著作，还让西方人由此得以了解丰富的汉代石刻画及雕塑艺术，更是让西方美术史学家开始把目光投向遥远的东方。此外本书还是第一部用照片真实记录考古活动的学术性著作。当部分拓片无法用照片来展示时，沙畹就用画笔将原拓片的轮廓描绘出来，他所描绘的拓片，也反映出他令人折服的艺术才华。

为了便于读者查阅，本书中文版打破了原有法文版图文分开的编排方式，而是由图文混排的方式取代，这无形中给编辑和排版带来很多困难，在此谨向编辑和出版社表示感谢。

袁俊生<br>
2018年6月5日 于<br>
浙江越秀外国语学院